BÍBLIA INFANTIL

CONHEÇA NOSSO LIVROS ACESSANDO AQUI!

Copyright desta tradução e edição © IBC - Instituto Brasileiro De Cultura, 2024

Reservados todos os direitos desta tradução e produção, pela lei 9.610 de 19.2.1998.

4ª Impressão 2024

Presidente: Paulo Roberto Houch
MTB 0083982/SP

Coordenação Editorial: Priscilla Sipans
Coordenação de Arte: Rubens Martim

Vendas: Tel.: (11) 3393-7727 (comercial2@editoraonline.com.br)

Foi feito o depósito legal.
Impresso no Índia

Dados Internacionais de Catalogação na Publicação (CIP) de acordo com ISBD	
O58b On Line Editora	
Bíblia Infantil / On Line Editora. - Barueri : On Line Editora, 2023. 112 p. ; 14cm x 21cm.	
ISBN: 978-65-5547-622-4 (Capa Almofadada)	
1. Literatura infantil. I. Título.	
2023-569	CDD 028.5 CDU 82-93
Elaborado por Vagner Rodolfo da Silva - CRB-8/9410	

IBC — Instituto Brasileiro de Cultura LTDA
CNPJ 04.207.648/0001-94
Avenida Juruá, 762 — Alphaville Industrial
CEP. 06455-010 — Barueri/SP
www.editoraonline.com.br

SUMÁRIO

ANTIGO TESTAMENTO

A CRIAÇÃO DO MUNDO 5

A QUEDA DO HOMEM 8

CAIM E ABEL 11

A ARCA DE NOÉ 13

O DILÚVIO 15

TORRE DE BABEL 19

ABRAÃO 21

JOSÉ, O SONHADOR 30

MOISÉS 40

O REI SALOMÃO 49

NOVO TESTAMENTO

JOÃO BATISTA 59

O NASCIMENTO E A INFÂNCIA DE CRISTO 67

A PREGAÇÃO DE JESUS 76

JESUS EM JERUSALÉM 86

MORTE E RESSURREIÇÃO DE CRISTO 94

O APÓSTOLO PAULO 104

A CRIAÇÃO DO MUNDO

NO PRINCÍPIO, DEUS CRIOU O MUNDO EM SEIS DIAS. NO PRIMEIRO DIA, FEZ OS CÉUS E A TERRA. TUDO ERA ESCURIDÃO. ENTÃO, DEUS DISSE: "HAJA LUZ!"; E ASSIM FOI FEITO. À LUZ ELE CHAMOU DIA; ÀS TREVAS, NOITE.

NO SEGUNDO DIA, DEUS FEZ O CÉU E SEPAROU AS ÁGUAS QUE ESTAVAM POR CIMA E POR BAIXO DESTE. NO TERCEIRO DIA, DEUS AJUNTOU AS ÁGUAS ABAIXO DO CÉU NUM SÓ LUGAR, QUE CHAMOU DE MAR, E FEZ APARECER A PORÇÃO SECA, QUE CHAMOU DE TERRA, PARA PRODUZIR A RELVA, AS ERVAS COM SEMENTES E AS ÁRVORES FRUTÍFERAS. NO QUARTO DIA, FEZ O SOL PARA GOVERNAR O DIA E A LUA PARA GOVERNAR A NOITE, ALÉM DAS ESTRELAS PARA ILUMINAR A TERRA. NO QUINTO DIA, DEUS CRIOU AS CRIATURAS DO MAR E AS AVES, E AS ABENÇOOU PARA QUE SE MULTIPLICASSEM. E VIU DEUS QUE ERA BOM.

NO SEXTO DIA, DEUS FEZ TODOS OS ANIMAIS TERRESTRES, DE FORMA QUE ELES PUDESSEM SE REPRODUZIR. DEPOIS, ELE AINDA FEZ UMA CRIATURA ESPECIAL À SUA IMAGEM E SEMELHANÇA: O SER HUMANO, SENDO O HOMEM E A MULHER. AS PLANTAS E OS VEGETAIS SERIAM ALIMENTOS PARA TODOS OS SERES DA TERRA. NO SÉTIMO DIA, DEUS DESCANSOU.

A QUEDA DO HOMEM

ENTÃO, DEUS DEU O SOPRO DE VIDA AO SER HUMANO. ASSIM, SURGIU ADÃO, O PRIMEIRO HOMEM. ELE VIVIA NO JARDIM DO ÉDEN, ONDE PODERIA SE ALIMENTAR DOS FRUTOS DE QUALQUER ÁRVORE, EXCETO DA ÁRVORE DO CONHECIMENTO DO BEM E DO MAL, POIS, SE ELE COMESSE DAQUELE FRUTO, MORRERIA. ASSIM, DEUS FEZ A PRIMEIRA MULHER, EVA, PARA ACOMPANHAR ADÃO.

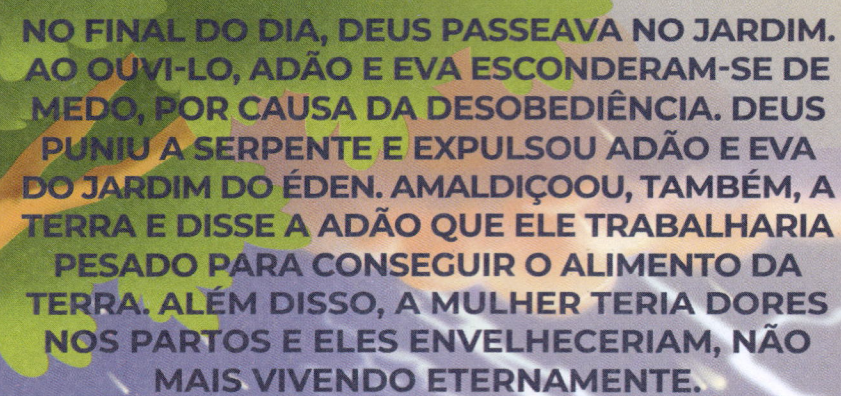

NO FINAL DO DIA, DEUS PASSEAVA NO JARDIM. AO OUVI-LO, ADÃO E EVA ESCONDERAM-SE DE MEDO, POR CAUSA DA DESOBEDIÊNCIA. DEUS PUNIU A SERPENTE E EXPULSOU ADÃO E EVA DO JARDIM DO ÉDEN. AMALDIÇOOU, TAMBÉM, A TERRA E DISSE A ADÃO QUE ELE TRABALHARIA PESADO PARA CONSEGUIR O ALIMENTO DA TERRA. ALÉM DISSO, A MULHER TERIA DORES NOS PARTOS E ELES ENVELHECERIAM, NÃO MAIS VIVENDO ETERNAMENTE.

CAIM E ABEL

ADÃO E EVA TIVERAM MUITOS FILHOS. O PRIMEIRO SE CHAMAVA CAIM, TRABALHAVA NO CAMPO E NÃO ERA OBEDIENTE A DEUS. SEU IRMÃO, ABEL, ERA PASTOR DE OVELHAS E OBEDIENTE A DEUS. PASSADOS OS DIAS DA COLHEITA, CAIM OFERECEU OS FRUTOS A DEUS. ABEL TAMBÉM FEZ UMA OFERTA, MAS OFERECEU OS PRIMEIROS FILHOTES DO SEU REBANHO, ASSIM QUE NASCERAM. DEUS SE AGRADOU DA OFERTA DE ABEL, MAS NÃO DA OFERTA DE CAIM.

CAIM FICOU REVOLTADO COM A REJEIÇÃO E, TOMADO POR UMA GRANDE IRA, CHAMOU SEU IRMÃO ABEL NO CAMPO, LEVANTOU-SE CONTRA ELE E O MATOU. DEUS AMALDIÇOOU A ELE E À SUA COLHEITA, CONDENANDO-O A VIVER COMO UM FUGITIVO E ERRANTE PELA TERRA. DENTRE OS DESCENDENTES DE ADÃO E EVA ESTAVA NOÉ.

A ARCA DE NOÉ

MUITOS ANOS SE PASSARAM. A MAIORIA DAS PESSOAS NA TERRA ERA PERVERSA, MAS HAVIA NOÉ, QUE ERA BOM E JUSTO. ENTÃO, DEUS ORDENOU A NOÉ QUE FIZESSE UMA ARCA E O ENSINOU A CONSTRUÍ-LA.

NOÉ E SEUS TRÊS FILHOS OBEDECERAM A DEUS. A ARCA TINHA MUITOS COMPARTIMENTOS E O SENHOR SEPAROU CADA ESPÉCIE PARA LEVAR NA ARCA MACHOS E FÊMEAS DOS ANIMAIS ACIMA DA TERRA. DE ALGUNS, SETE PARES, OUTROS, UM PAR DE CADA ESPÉCIE.

O DILÚVIO

DEUS MANDARIA UMA CHUVA MUITO FORTE, QUE CHAMOU DE DILÚVIO, PARA INUNDAR E DESTRUIR O MUNDO INTEIRO. NOÉ, SUA ESPOSA, SEUS FILHOS E SUAS ESPOSAS, ALÉM DOS ANIMAIS, ENTRARAM NA ARCA E, ENTÃO, CHOVEU POR QUARENTA DIAS E QUARENTA NOITES. A ARCA FLUTUAVA NA ÁGUA, PORQUE DEUS ABRIU TODAS AS FONTES DE ÁGUA DO GRANDE ABISMO E AS COMPORTAS DE ÁGUA DO CÉU.

A FAMÍLIA DE NOÉ E OS ANIMAIS FICARAM A SALVO NA ARCA QUANDO A CHUVA PAROU, MAS AS ÁGUAS PREDOMINARAM SOBRE A TERRA POR CENTO E CINQUENTA DIAS. ENTÃO, A TERRA DEMOROU A SECAR. QUANDO A TERRA FINALMENTE SE RECUPEROU, A FAMÍLIA DE NOÉ E TODOS OS ANIMAIS SAÍRAM DA ARCA E DEUS OS ABENÇOOU E ORDENOU QUE SE MULTIPLICASSEM E POVOASSEM A TERRA.

NOÉ CONSTRUIU UM ALTAR E, ALI, AGRADECEU E ADOROU A DEUS POR TER SALVO SUAS VIDAS. A PARTIR DAQUELE DIA, COMEÇOU A LEVANTAR AS CONSTRUÇÕES PARA QUE SUA FAMÍLIA E SEUS DESCENDENTES PUDESSEM HABITÁ-LAS.

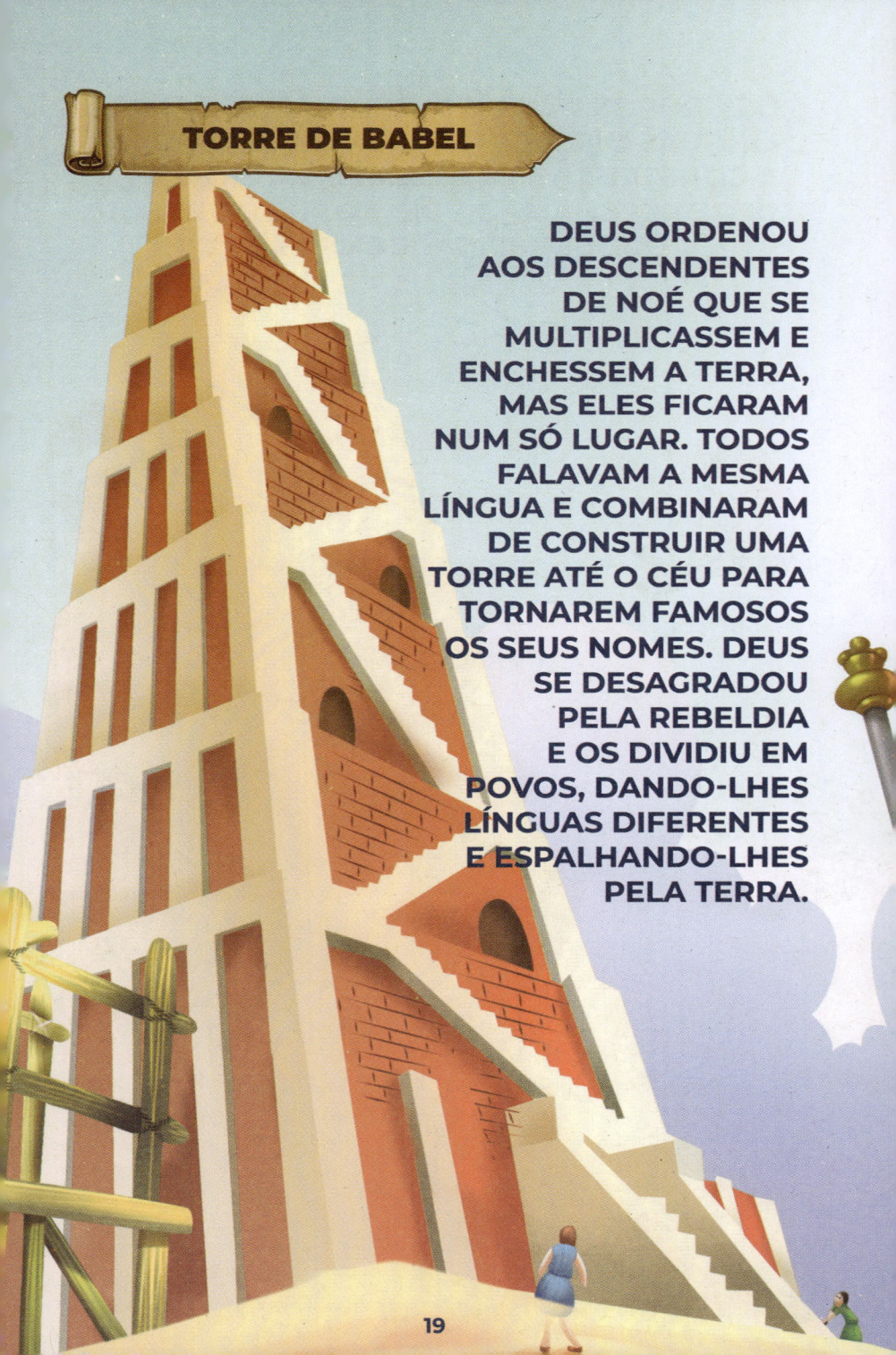

TORRE DE BABEL

DEUS ORDENOU AOS DESCENDENTES DE NOÉ QUE SE MULTIPLICASSEM E ENCHESSEM A TERRA, MAS ELES FICARAM NUM SÓ LUGAR. TODOS FALAVAM A MESMA LÍNGUA E COMBINARAM DE CONSTRUIR UMA TORRE ATÉ O CÉU PARA TORNAREM FAMOSOS OS SEUS NOMES. DEUS SE DESAGRADOU PELA REBELDIA E OS DIVIDIU EM POVOS, DANDO-LHES LÍNGUAS DIFERENTES E ESPALHANDO-LHES PELA TERRA.

OS GRUPOS NÃO SE ENTENDIAM FALANDO LÍNGUAS DIFERENTES E, ENTÃO, PARARAM A CONSTRUÇÃO DA TORRE E DA CIDADE. A TORRE FOI CHAMADA DE "TORRE DE BABEL", QUE SIGNIFICA "CONFUSÃO".

ABRAÃO

ANTES DE CONHECER A DEUS, SEU NOME ERA ABRÃO. ERA UM HOMEM DESCENDENTE DE SEM. SARAI ERA SUA ESPOSA E NÃO PODIA TER FILHOS. UM DIA, DEUS APARECEU PARA ABRÃO E DISSE: "OLHE PARA O CÉU E CONTE AS ESTRELAS, SE É QUE PODE CONTÁ-LAS. ASSIM SERÁ SUA DESCENDÊNCIA."

DEUS DISSE A ABRÃO: "SAI DA TUA TERRA E VAI PARA A TERRA QUE EU TE MOSTRAREI, PORQUE DE LÁ FAREI UMA GRANDE NAÇÃO E EU TE ABENÇOAREI, ENGRANDECEREI TEU NOME E VOCÊ SERÁ UMA BÊNÇÃO!". E DISSE DEUS, TAMBÉM: ABENÇOAREI OS QUE TE ABENÇOAREM E AMALDIÇOAREI OS QUE TE AMALDIÇOAREM; EM TI SERÃO BENDITAS TODAS AS FAMÍLIAS DA TERRA. PARTIRAM PARA CANAÃ ABRÃO, SARAI, SUA ESPOSA, E SEU SOBRINHO, LÓ, DO QUAL SE SEPAROU NO CAMINHO.

SARAI QUERIA DAR FILHOS A ABRÃO, MAS ERA ESTÉRIL. ENTÃO, ELA DISSE AO MARIDO QUE ELE DEVERIA ENGRAVIDAR A SERVA HAGAR, E ASSIM ELE O FEZ. QUANDO HAGAR SOUBE QUE ESTAVA GRÁVIDA, COMEÇOU A TRATAR SARAI COM DESPREZO. SARAI FICOU MUITO TRISTE E HUMILHOU A SERVA, QUE FUGIU. QUANDO A SERVA CHORAVA, UM ANJO DE DEUS APARECEU PARA ELA E DISSE: "VOLTE PARA SUA SENHORA". E ACRESCENTOU: "MULTIPLICAREI TANTO OS SEUS DESCENDENTES QUE NINGUÉM OS PODERÁ CONTAR. VOCÊ ESTÁ GRÁVIDA E TERÁ UM FILHO, E LHE DARÁ O NOME DE ISMAEL, PORQUE O SENHOR A OUVIU EM SEU SOFRIMENTO".

ENTÃO, DEUS MUDOU O NOME DE ABRÃO PARA ABRAÃO E DE SARAI PARA SARA. UM DIA, TRÊS VISITANTES FORAM À TENDA DE ABRAÃO. "MANDAREI BUSCAR UM POUCO D'ÁGUA PARA QUE LAVEM OS PÉS E DESCANSEM DEBAIXO DESTA ÁRVORE. VOU TRAZER-LHES TAMBÉM O QUE COMER, PARA QUE RECOBREM FORÇAS E PROSSIGAM PELO CAMINHO", DISSE ABRAÃO AOS HOMENS, QUE ACEITARAM A GENTILEZA. UM DOS HOMENS, ENTÃO, DECLAROU: "VOLTAREI A VOCÊ NA PRIMAVERA, E SARA, SUA MULHER, TERÁ UM FILHO."

SARA, OUVINDO A CONVERSA, RIU E PENSOU: "DEPOIS DE JÁ ESTAR VELHA E MEU SENHOR JÁ IDOSO, AINDA TEREI ESSE PRAZER?". O SENHOR, ENTÃO, DISSE: EXISTE ALGUMA COISA IMPOSSÍVEL PARA O SENHOR?"
E O QUE FOI DITO SE CUMPRIU. UM ANO MAIS TARDE, SARA TEVE UM FILHO CHAMADO ISAQUE.

ANOS MAIS TARDE, DEUS QUERIA TESTAR A FÉ DE ABRAÃO E PEDIU QUE ELE SACRIFICASSE SEU AMADO FILHO ISAQUE. ABRAÃO FEZ UM ALTAR, PEGOU O CUTELO E, QUANDO ESTAVA PRONTO PARA SACRIFICAR ISAQUE, ELE OUVIU A VOZ DO ANJO DE DEUS.

"NÃO ESTENDAS A MÃO SOBRE O RAPAZ. AGORA, SEI QUE TEMES A DEUS, POIS NÃO ME NEGASTE TEU ÚNICO FILHO." ABRAÃO OLHOU PARA TRÁS, VIU UM CORDEIRO PRESO ENTRE OS ARBUSTOS E SACRIFICOU O ANIMAL NO LUGAR DE SEU FILHO. E, DESSA FORMA, PRONUNCIOU O ANJO: "TE ABENÇOAREI GRANDEMENTE E A TUA DESCENDÊNCIA SERÁ COMO AS ESTRELAS DO CÉU E A AREIA QUE ESTÁ NA PRAIA."

PASSADOS MUITOS ANOS, SARA VEIO A FALECER E ABRAÃO, JÁ BEM VELHINHO, PEDIU AO SEU SERVO DE CONFIANÇA QUE VIAJASSE PARA A TERRA DE SUA PARENTELA DISTANTE E, DE LÁ, TROUXESSE UMA ESPOSA PARA ISAQUE.

O SERVO OROU A DEUS PEDINDO PARA QUE LHE DESSE UM SINAL PARA RECONHECER A MULHER QUE SE TORNARIA ESPOSA DE ISAQUE. ENTÃO, ELE CONHECEU UMA BELA JOVEM QUE OFERECEU ÁGUA A ELE E AOS SEUS CAMELOS. O SERVO PENSOU QUE AQUELA ERA A MULHER ESCOLHIDA POR DEUS.

O SERVO ACOMPANHOU A MULHER, QUE SE CHAMAVA REBECA, ATÉ SUA CASA. ELA EXPLICOU AOS SEUS PAIS SOBRE A MISSÃO. ELES CONCORDARAM QUE REBECA SE CASASSE COM ISAQUE.

QUANDO REBECA E ISAQUE SE ENCONTRARAM, LOGO SE APAIXONARAM. ELES TIVERAM FILHOS GÊMEOS, CHAMADOS ESAÚ E JACÓ.

JOSÉ, O SONHADOR

JACÓ TEVE MUITOS FILHOS. DENTRE ELES, JOSÉ, QUE ERA O MAIS AMADO, GANHOU UMA LINDA TÚNICA COLORIDA. SEUS IRMÃOS FICARAM MUITO ENCIUMADOS. CERTO DIA, JOSÉ TEVE UM SONHO QUE REVELAVA QUE ELE REINARIA SOBRE SEUS IRMÃOS.

MAS OS IRMÃOS DE JOSÉ NÃO QUERIAM QUE ELE FOSSE O LÍDER DELES E FICARAM COM INVEJA. CHEGARAM A PENSAR EM MATÁ-LO, ATÉ QUE UM DELES TEVE UMA IDEIA: COLOCAR JOSÉ EM UM POÇO. E ASSIM O FIZERAM, ALÉM DE ROUBAR SUA TÚNICA. LOGO QUE PUDERAM, OS IRMÃOS VENDERAM JOSÉ A UMA CARAVANA DE MERCADORES.

OS HOMENS LEVARAM JOSÉ AO EGITO E O VENDERAM A UM HOMEM CHAMADO POTIFAR, O CAPITÃO DA GUARDA DO FARAÓ. POTIFAR O TORNOU ESCRAVO E, COMO O SENHOR ESTAVA COM JOSÉ, ELE ERA BEM-SUCEDIDO EM TUDO O QUE FAZIA.
A ESPOSA DE POTIFAR SENTIA ATRAÇÃO POR JOSÉ E, UM DIA, INSISTIU QUE ELE A AMASSE. SABENDO QUE ERA ERRADO, JOSÉ CONSEGUIU ESCAPAR, MAS A MULHER FICOU BRAVA. POR ISSO, DISSE AO MARIDO MUITAS MENTIRAS SOBRE JOSÉ.

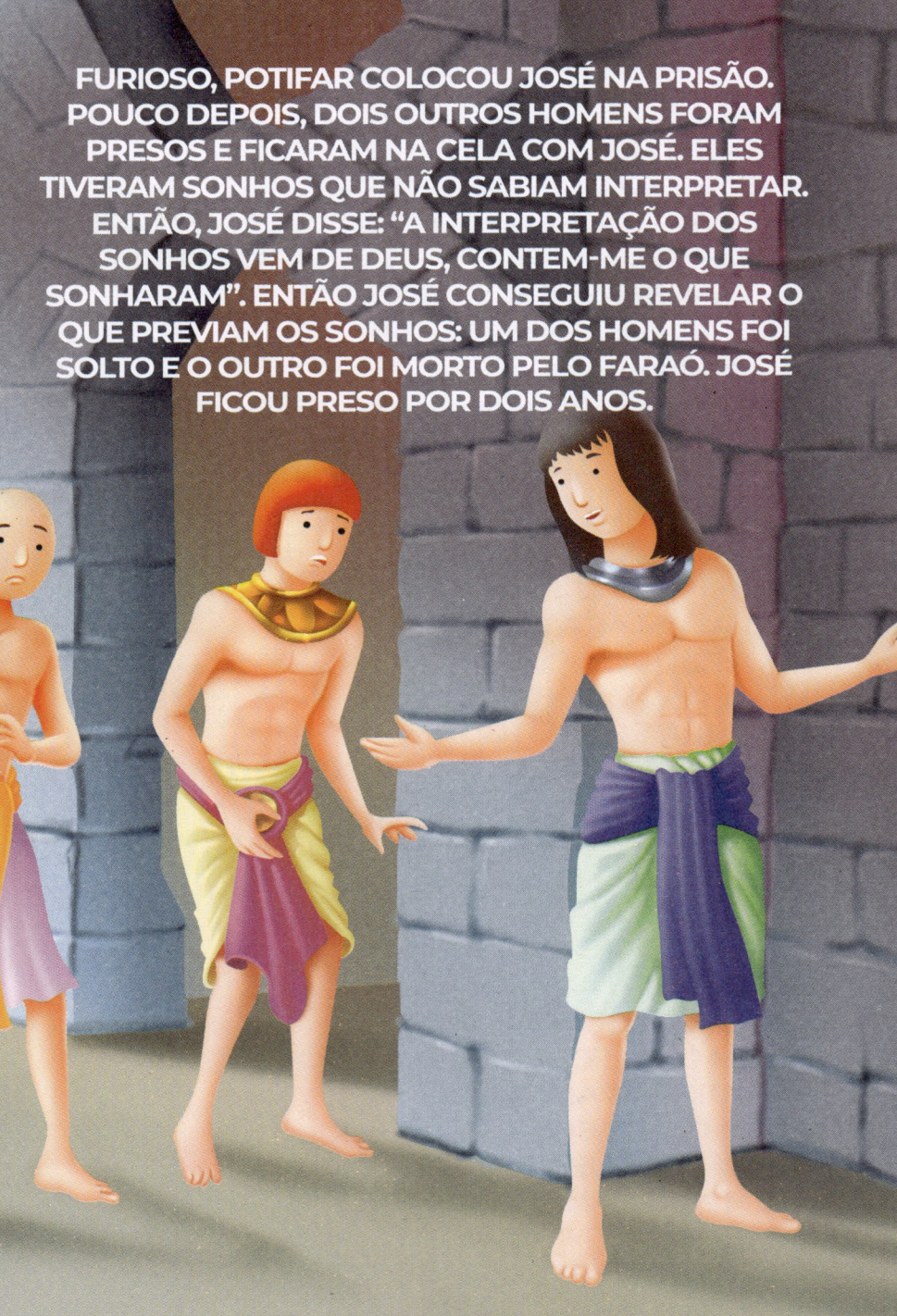

O REI DO EGITO TEVE SONHOS QUE NENHUM ADIVINHADOR CONSEGUIU INTERPRETAR. ENTÃO, SEU COPEIRO LEMBROU-SE DE JOSÉ QUE ESTAVA NA PRISÃO E DISSE AO REI QUE ELE PODERIA INTERPRETÁ-LOS. JOSÉ SE APRESENTOU AO REI E CONTOU O QUE DEUS LHE REVELARA SOBRE O SONHO: "VIRÃO SETE ANOS DE MUITA FARTURA SOBRE TODA A TERRA DO EGITO. MAS, DEPOIS, VIRÃO SETE ANOS DE FOME. ENTÃO, TODO O TEMPO DE FARTURA SERÁ ESQUECIDO E A FOME CONSUMIRÁ A TERRA". ELE ACONSELHOU O FARAÓ A RECOLHER A QUINTA PARTE DE TUDO O QUE ELE E SEU POVO PRODUZISSE NO TEMPO DE FARTURA E ESTOCASSE PARA SOBREVIVEREM.

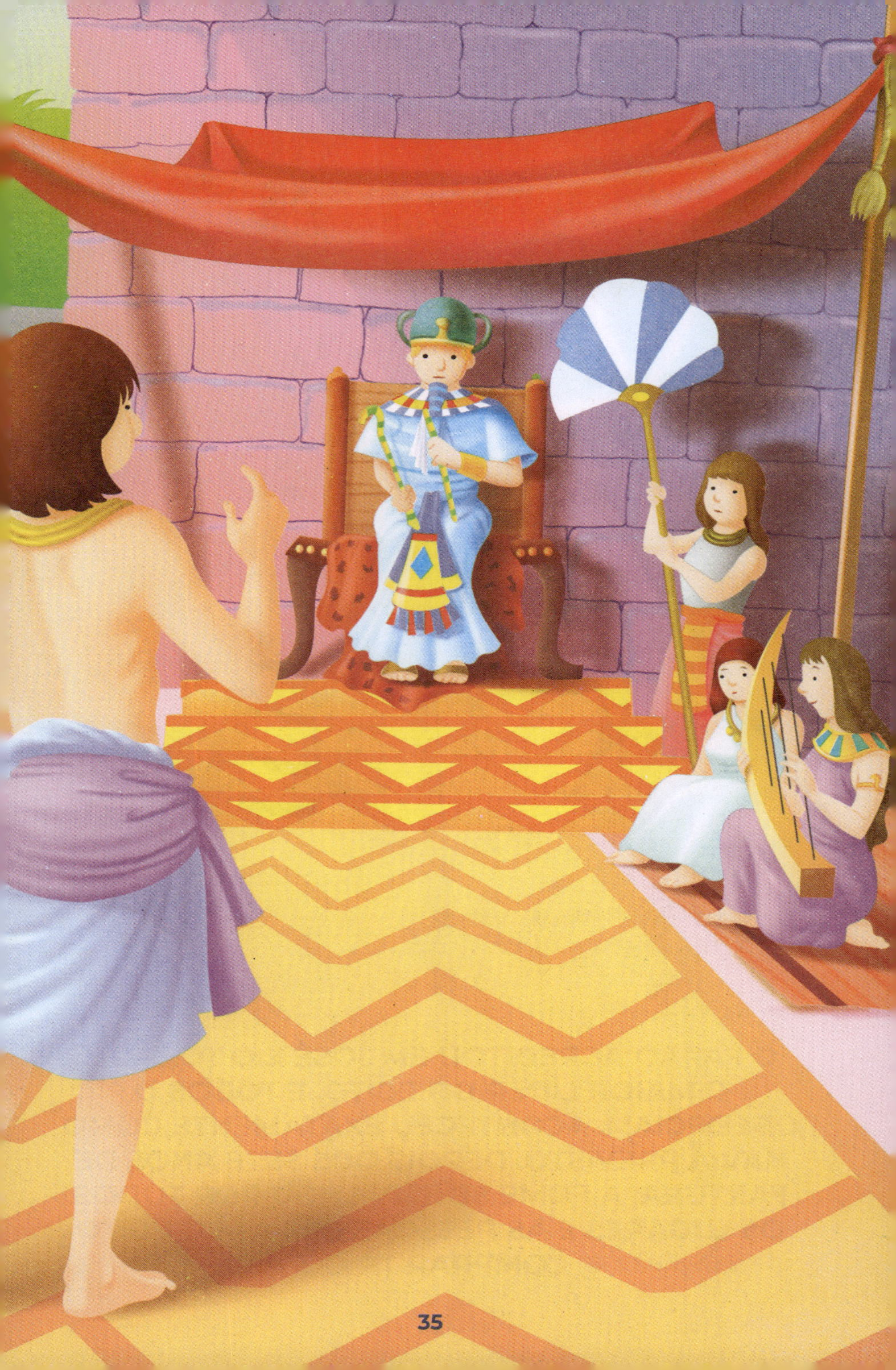

O FARAÓ ACREDITOU EM JOSÉ E O TORNOU O MAIOR LÍDER DO EGITO, E TODOS O OBEDECIAM. ACONTECEU EXATAMENTE COMO HAVIA PREVISTO. DEPOIS DOS SETE ANOS DE FARTURA, A FOME SE ESPALHOU POR TODOS OS LUGARES E AS PESSOAS IAM ATÉ O EGITO COMPRAR TRIGO.

JACÓ ENVIOU SEUS FILHOS MAIS VELHOS AO EGITO PARA COMPRAR COMIDA. QUANDO JOSÉ SE ENCONTROU COM OS IRMÃOS, ELE OS RECONHECEU, MAS ELES NÃO O RECONHECERAM. JOSÉ ARMOU UMA EMBOSCADA E ORDENOU AOS SERVOS QUE ACUSASSEM SEUS IRMÃOS DE ROUBO. QUANDO ELES FORAM PRESOS, JOSÉ RECONHECEU A INOCÊNCIA DELES E REVELOU AOS HOMENS QUE ERA SEU IRMÃO, PERDOANDO-OS PELO QUE HAVIAM FEITO COM ELE NO PASSADO. JOSÉ TROUXE TODA A SUA FAMÍLIA PARA VIVER NO EGITO.

DURANTE A FOME, JOSÉ CONSEGUIU ENRIQUECER O FARAÓ, JUNTANDO TODA A PRATA DA VENDA DOS ALIMENTOS A OUTRAS NAÇÕES. QUANDO A PRATA DO POVO ACABOU, ELES COMEÇARAM A PAGAR PELA COMIDA COM SEUS REBANHOS, SUAS TERRAS E SEU TRABALHO.

ENTÃO, JOSÉ ORDENOU QUE O POVO CULTIVASSE AS TERRAS, QUE AGORA PERTENCIAM AO FARAÓ. DESSA FORMA, TODOS PODERIAM SE ALIMENTAR NOVAMENTE.

TODOS ACEITARAM A DECISÃO DE JOSÉ E O AGRADECERAM. ASSIM FOI FEITA A DIVISÃO DE TERRAS E COLHEITAS NO EGITO.

MOISÉS

ANOS DEPOIS, JOSÉ E O FARAÓ MORRERAM. OS ISRAELITAS QUE VIVIAM NO EGITO SE MULTIPLICARAM. ISSO PREOCUPAVA O REI, PORQUE OS ISRAELITAS ERAM MUITO MAIS NUMEROSOS E MAIS FORTES, E ELES PODERIAM TOMAR SUAS TERRAS E SEU PODER. ENTÃO, O FARAÓ TORNOU OS ISRAELITAS SEUS ESCRAVOS. OS EGÍPCIOS OS FAZIAM TRABALHAR ARDUAMENTE E OS MALTRATAVAM.

COMO O POVO ISRAELITA CONTINUAVA AUMENTANDO, O FARAÓ ORDENOU QUE FOSSEM MORTOS TODOS OS MENINOS QUE NASCESSEM, MAS DEIXASSEM VIVAS AS MENINAS. ENTÃO, UMA MÃE DESESPERADA COLOCOU SEU FILHO DENTRO DE UMA CESTA E O PÔS NO RIO. NÃO DEMOROU PARA QUE A PRÓPRIA FILHA DO FARAÓ O ENCONTRASSE E ADOTASSE PARA SI O MENINO, AO QUAL DEU O NOME DE MOISÉS.

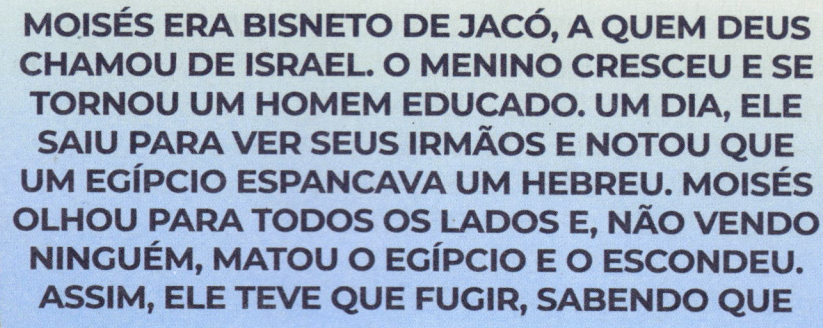

MOISÉS ERA BISNETO DE JACÓ, A QUEM DEUS CHAMOU DE ISRAEL. O MENINO CRESCEU E SE TORNOU UM HOMEM EDUCADO. UM DIA, ELE SAIU PARA VER SEUS IRMÃOS E NOTOU QUE UM EGÍPCIO ESPANCAVA UM HEBREU. MOISÉS OLHOU PARA TODOS OS LADOS E, NÃO VENDO NINGUÉM, MATOU O EGÍPCIO E O ESCONDEU. ASSIM, ELE TEVE QUE FUGIR, SABENDO QUE

O FARAÓ IRIA MATÁ-LO POR ISSO. UM DIA, JÁ CASADO, MOISÉS PASTOREAVA O REBANHO DO SOGRO. ELE SUBIU O MONTE HOREBE E VIU O ANJO DO SENHOR NUMA CHAMA DE FOGO QUE SAÍA DO MEIO DE UMA SARÇA. AO TENTAR SE APROXIMAR, FICOU MARAVILHADO, PORQUE A CHAMA ARDIA E NÃO QUEIMAVA. ENTÃO, DEUS FALOU COM ELE: "DE FATO, TENHO VISTO A OPRESSÃO DO MEU POVO NO EGITO. EU TE ENVIAREI AO FARAÓ PARA QUE TIRES O MEU POVO DO EGITO, OS FILHOS DE ISRAEL".

"SE NÃO CREREM, LANÇA ESTA VARA NO CHÃO E SE TRANSFORMARÁ EM COBRA E, PEGANDO-A PELA CAUDA, SE TORNARÁ VARA", DISSE DEUS. MOISÉS FEZ CONFORME LHE FORA ORDENADO, MAS O FARAÓ NÃO ACREDITOU. ENTÃO, MOISÉS DECLAROU QUE A FORÇA DE DEUS SE MOSTRARIA EM BREVE. TODAS AS PIORES PRAGAS INVADIRAM O EGITO E TODA A ÁGUA SE TRANSFORMOU EM SANGUE. COM ISSO, O FARAÓ FINALMENTE ACREDITOU NO PODER DE MOISÉS.

ASSIM, O FARAÓ MANDOU QUE MOISÉS LEVASSE TODOS OS ISRAELITAS EMBORA DO EGITO. DEUS MOSTROU A MOISÉS O CAMINHO QUE DEVERIAM SEGUIR. COM MEDO DE MORRER NO DESERTO, O POVO QUERIA SE ENTREGAR, MAS MOISÉS OS ENCORAJAVA.

O FARAÓ, AINDA NÃO CONVENCIDO, JUNTOU OS SEUS EXÉRCITOS PARA PERSEGUIREM O POVO DE DEUS. QUANDO CHEGARAM FRENTE AO MAR, O POVO QUE FUGIA SE APAVOROU, MAS TEVE UMA SURPRESA. MOISÉS ESTENDEU AS MÃOS SOBRE O MAR E, MAIS UMA VEZ, DEUS MOSTROU SEU PODER. ELE FEZ SOPRAR UM VENTO MUITO FORTE, QUE DIVIDIU O MAR COMO DUAS MURALHAS E TODO O POVO HEBREU ATRAVESSOU A SECO. EM SEGUIDA, OS EGÍPCIOS ENTRARAM NO MAR E SE AFOGARAM, PORQUE O MAR SE ENFURECEU.

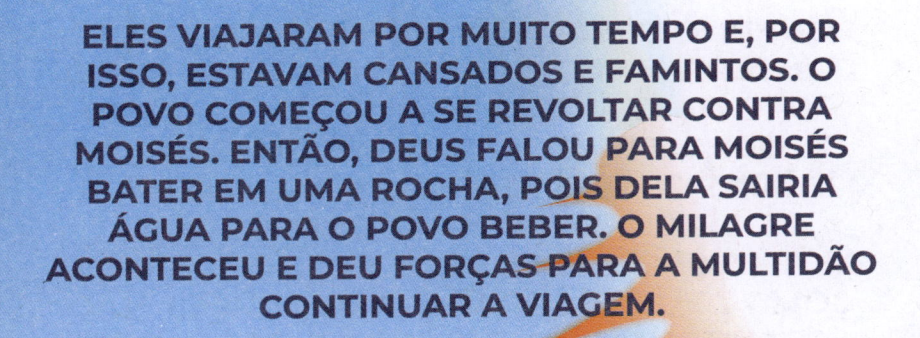

ELES VIAJARAM POR MUITO TEMPO E, POR ISSO, ESTAVAM CANSADOS E FAMINTOS. O POVO COMEÇOU A SE REVOLTAR CONTRA MOISÉS. ENTÃO, DEUS FALOU PARA MOISÉS BATER EM UMA ROCHA, POIS DELA SAIRIA ÁGUA PARA O POVO BEBER. O MILAGRE ACONTECEU E DEU FORÇAS PARA A MULTIDÃO CONTINUAR A VIAGEM.

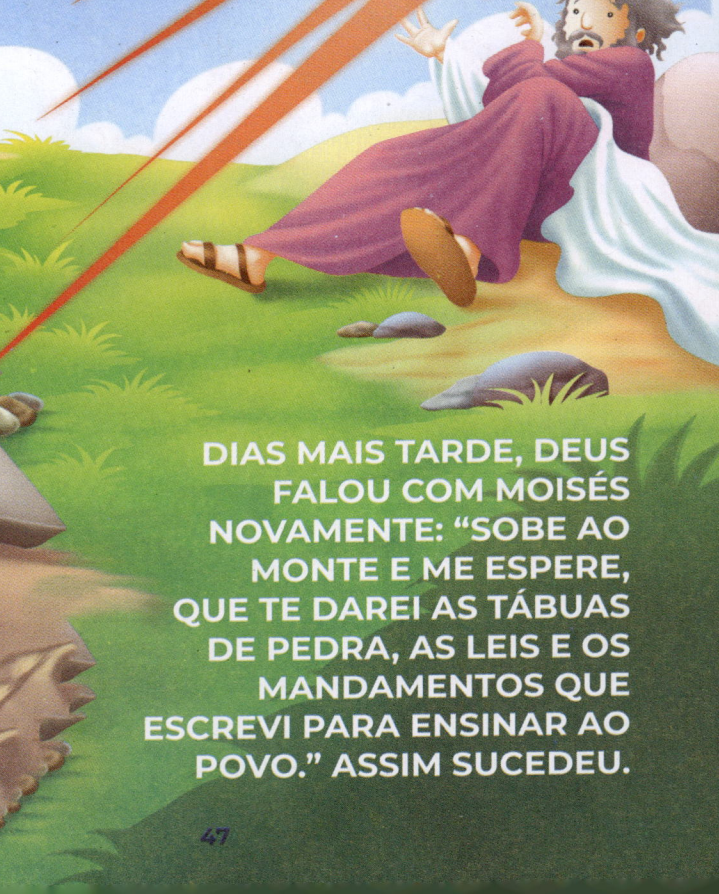

DIAS MAIS TARDE, DEUS FALOU COM MOISÉS NOVAMENTE: "SOBE AO MONTE E ME ESPERE, QUE TE DAREI AS TÁBUAS DE PEDRA, AS LEIS E OS MANDAMENTOS QUE ESCREVI PARA ENSINAR AO POVO." ASSIM SUCEDEU.

QUANDO DESCEU DO MONTE SINAI, ONDE CONVERSAVA COM DEUS, MOISÉS VIU QUE O POVO DANÇAVA E ADORAVA UM BEZERRO DE OURO. ENTÃO, IRADO, ELE QUEBROU AS TÁBUAS COM AS LEIS E OS MANDAMENTOS E DESTRUIU A FESTA. PASSADOS DIAS, MOISÉS PEDE A DEUS QUE PERDOE O POVO. COMO DEUS SE AGRADAVA DE MOISÉS, NÃO ABANDONOU O POVO. ENTÃO, PEDIU QUE MOISÉS CORTASSE DUAS PEDRAS E NELAS ESCREVEU OS DEZ MANDAMENTOS.

O REI SALOMÃO

O REI SALOMÃO ERA FILHO DO REI DAVI, DESCENDENTE DE JACÓ, A QUEM DEUS DEU O NOME DE ISRAEL. DEUS AMAVA SALOMÃO, E UMA NOITE APARECEU NO SEU SONHO E DISSE A ELE: "PEDE O QUE QUERES QUE EU TE DÊ. SALOMÃO PEDIU CONHECIMENTO E SABEDORIA PARA PODER JULGAR O SEU POVO. DEUS FICOU TÃO FELIZ PELO PEDIDO, QUE LHE DEU CONHECIMENTO E SABEDORIA, ALÉM DE RIQUEZAS, BENS E HONRA.

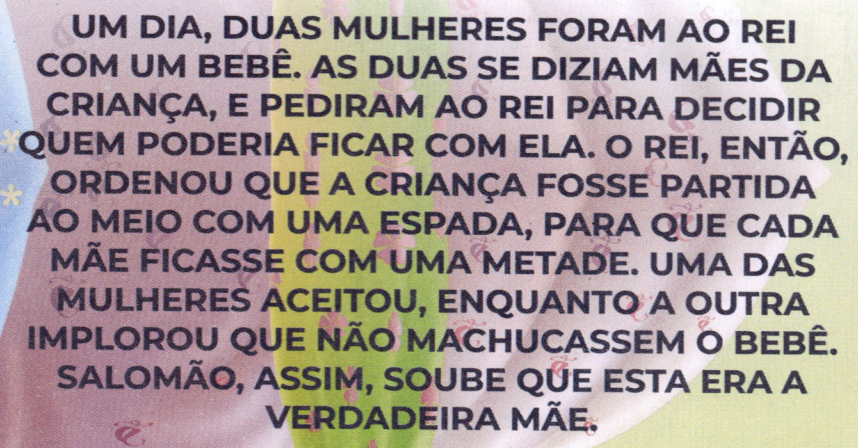

UM DIA, DUAS MULHERES FORAM AO REI COM UM BEBÊ. AS DUAS SE DIZIAM MÃES DA CRIANÇA, E PEDIRAM AO REI PARA DECIDIR QUEM PODERIA FICAR COM ELA. O REI, ENTÃO, ORDENOU QUE A CRIANÇA FOSSE PARTIDA AO MEIO COM UMA ESPADA, PARA QUE CADA MÃE FICASSE COM UMA METADE. UMA DAS MULHERES ACEITOU, ENQUANTO A OUTRA IMPLOROU QUE NÃO MACHUCASSEM O BEBÊ. SALOMÃO, ASSIM, SOUBE QUE ESTA ERA A VERDADEIRA MÃE.

SALOMÃO SE TORNOU O HOMEM MAIS SÁBIO DO MUNDO. PESSOAS VINHAM DE TODOS OS LUGARES PARA PEDIR CONSELHOS A ELE. REIS E RAINHAS VINHAM VISITÁ-LO, TRAZENDO LINDOS PRESENTES. OS ISRAELITAS RECORRIAM AO REI SALOMÃO QUANDO PRECISAVAM DE AJUDA.

PARA AGRADECER A DEUS, SALOMÃO CONSTRUIU UM TEMPLO ENORME EM SUA HONRA. A CONSTRUÇÃO LEVOU SETE ANOS PARA FICAR PRONTA E FICOU CONHECIDA NO MUNDO TODO PELA GRANDEZA E PELA QUALIDADE DOS MATERIAIS USADOS.

A FAMA DO REI SALOMÃO CHEGOU AOS OUVIDOS DA RAINHA DE SABÁ, QUE FICOU IMPRESSIONADA. POR ISSO, TROUXE A ELE OS MAIS BELOS PRESENTES.

SALOMÃO TEVE MUITAS ESPOSAS E MUITAS DELAS ADORAVAM A ÍDOLOS. QUANDO SALOMÃO ENVELHECEU, FOI CONVENCIDO TAMBÉM A CULTUÁ-LOS. ISSO DESPERTOU A IRA DE DEUS. UM DIA, O PROFETA AÍAS RASGOU A SUA CAPA NOVA EM DOZE PEDAÇOS QUANDO ENCONTROU JEROBOÃO, FILHO DE SALOMÃO, REVELANDO COMO DEUS REPARTIRIA AS TRIBOS. O MESMO ENCONTRO TEVE DEUS COM O REI SALOMÃO NO FINAL DE SUA VIDA E CONFIRMOU

QUE DIVIDIRIA O POVO EM DOZE TRIBOS, SENDO DEZ DELAS ENTREGUES A JEROBOÃO, SEU FILHO. O REI MORREU E FOI ENTERRADO AO LADO DO REI DAVI, SEU PAI. APÓS GOVERNAR POR QUARENTA ANOS, MORREU E FOI SEPULTADO NA CIDADE DE DAVI. A DIVISÃO DAS TRIBOS FICOU ASSIM: A PARTE NORTE DA TERRA FOI CHAMADA REINO DE ISRAEL E A PARTE SUL FOI CHAMADA REINO DE JUDÁ. SEU FILHO ROBOÃO FOI SEU SUCESSOR.

ROBOÃO NÃO ERA UM BOM REI, POIS ERA MALDOSO COM SEUS SÚDITOS. O POVO DE ISRAEL SE REVOLTOU, POIS O REI QUERIA UM GOVERNO MAIS RÍGIDO. ROBOÃO, ENTÃO, FUGIU PARA JERUSALÉM. O POVO POR SUA VEZ, ELEGEU JEROBOÃO COMO REI DE ISRAEL. ESTE, COM MEDO DE QUE O REINO VOLTASSE PARA A DINASTIA DE DAVI E QUE ISSO OCASIONASSE SUA MORTE, FEZ DOIS BEZERROS DE OURO, PARA QUE O POVO NÃO OFERECESSE SACRIFÍCIOS NO TEMPLO EM JERUSALÉM. PORÉM, O SENHOR ENVIOU UM HOMEM DE DEUS, QUE ANUNCIOU: "O ALTAR SE RACHARÁ, E SUAS CINZAS SE DERRAMARÃO PELO CHÃO". E ASSIM ACONTECEU.

DEUS TAMBÉM ORDENOU A DESTRUIÇÃO DOS DESCENDENTES DE JEROBOÃO. "VOCÊ PECOU MAIS QUE TODOS OS QUE VIERAM ANTES. FEZ PARA SI OUTROS DEUSES E ME ENFURECEU COM SEUS BEZERROS DE OURO. SIM, VOCÊ ME DEU AS COSTAS!". E CONTINUOU: "... QUEIMAREI SUA DINASTIA COMO SE QUEIMA LIXO, ATÉ QUE TENHA DESAPARECIDO."

NOVO TESTAMENTO

JOÃO BATISTA

NO TEMPO DO REI HERODES, VIVIA UM HOMEM CHAMADO ZACARIAS COM SUA ESPOSA, ISABEL. UM DIA, ENQUANTO ZACARIAS QUEIMAVA INCENSO NO TEMPLO, ELE VIU UM ANJO. O ANJO DISSE: "ZACARIAS, NÃO TEMAS, PORQUE A TUA ORAÇÃO FOI OUVIDA, E ISABEL, TUA MULHER, DARÁ À LUZ UM FILHO, E LHE PORÁS O NOME DE JOÃO". ELE TAMBÉM EXPLICOU QUE SEU FILHO TERIA UM PROPÓSITO ESPECIAL NA TERRA.

MESES MAIS TARDE, MARIA, GRÁVIDA, FOI VISITAR SUA PRIMA ISABEL, ESPOSA DE ZACARIAS. QUANDO MARIA ENCONTROU SUA PRIMA, ELA SENTIU O BEBÊ EM SUA BARRIGA SE MEXENDO. ENTÃO, ISABEL DEU AS BOAS-VINDAS A MARIA. ELA ESTAVA MUITO ANIMADA COM O BEBÊ QUE ESPERAVA E FICOU FELIZ PORQUE A PROMESSA TRAZIDA PELO ANJO FOI CUMPRIDA.

COMO ZACARIAS QUESTIONOU O ANJO, PENSANDO QUE SERIA VELHO DEMAIS PARA TER UM FILHO, ELE FICOU MUDO. ENTÃO, QUANDO A CRIANÇA NASCEU, ZACARIAS ESCREVEU EM UMA TÁBUA: "SEU NOME É JOÃO".

A CRIANÇA HAVIA SIDO ESCOLHIDA POR DEUS PARA UMA MISSÃO ESPECIAL: PREPARAR OS CORAÇÕES DO POVO E ANUNCIAR A VINDA DO MESSIAS.

JOÃO CRESCEU E COMEÇOU A ENSINAR O MUNDO SOBRE A PALAVRA DE DEUS EM VOLTA DO RIO JORDÃO. ELE PROCLAMOU O BATISMO PARA PERDÃO DOS PECADOS. AQUELES QUE SE ARREPENDIAM ERAM BATIZADOS POR JOÃO NAS ÁGUAS DO JORDÃO. ENTÃO, ELES COMEÇARAM A CHAMÁ-LO DE JOÃO BATISTA.

QUANDO OS SACERDOTES SOUBERAM QUE JOÃO BATIZAVA PESSOAS NO RIO JORDÃO, PERGUNTARAM A ELE SE ELE ERA O ESCOLHIDO QUE SALVARIA ISRAEL. "EU VOS BATIZO COM ÁGUA, PARA O ARREPENDIMENTO. MAS AQUELE QUE VEM APÓS MIM É MAIS PODEROSO DO QUE EU. ELE VOS BATIZARÁ COM O ESPÍRITO SANTO", DISSE JOÃO.

ENQUANTO BATIZAVA, JOÃO PREGAVA A PALAVRA DE DEUS. "O QUE DEVEMOS FAZER?", PERGUNTAVAM TODOS. "QUEM TIVER DUAS TÚNICAS, REPARTA COM O QUE NÃO TEM, E QUEM TIVER ALIMENTOS, FAÇA DA MESMA MANEIRA."

JESUS CRISTO FOI AO RIO JORDÃO PARA SER BATIZADO POR JOÃO. "SOU EU QUEM DEVERIA SER BATIZADO POR TI, E TU VENS A MIM?", DISSE JOÃO. "DEIXA POR AGORA, PORQUE ASSIM NOS CONVÉM CUMPRIR TODA A JUSTIÇA", RESPONDEU JESUS. ASSIM QUE JESUS FOI BATIZADO E SAIU DAS ÁGUAS, ABRIU-SE O CÉU E O ESPÍRITO SANTO VEIO SOBRE ELE, COMO UMA POMBA. UMA VOZ DO CÉU FOI OUVIDA: "ESTE É O MEU FILHO AMADO, A QUEM TENHO MUITO PRAZER."

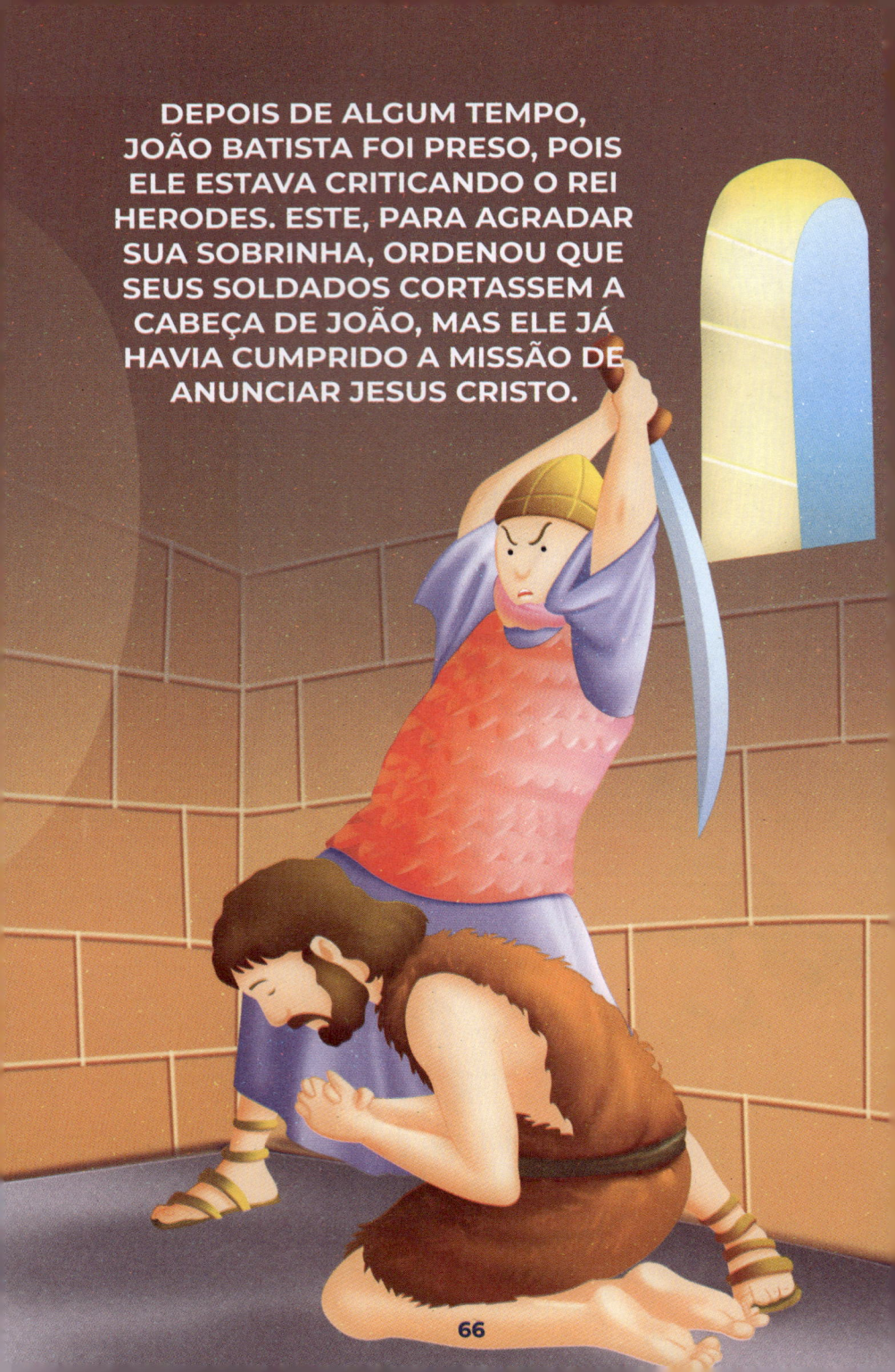

DEPOIS DE ALGUM TEMPO, JOÃO BATISTA FOI PRESO, POIS ELE ESTAVA CRITICANDO O REI HERODES. ESTE, PARA AGRADAR SUA SOBRINHA, ORDENOU QUE SEUS SOLDADOS CORTASSEM A CABEÇA DE JOÃO, MAS ELE JÁ HAVIA CUMPRIDO A MISSÃO DE ANUNCIAR JESUS CRISTO.

O NASCIMENTO E A INFÂNCIA DE CRISTO

UMA JOVEM CHAMADA MARIA VIVIA EM NAZARÉ. ELA HAVIA SIDO PROMETIDA PARA SE CASAR COM JOSÉ. UM DIA, O ANJO GABRIEL APARECEU EM SUA FRENTE E ANUNCIOU QUE, COM A GRAÇA DO ESPÍRITO SANTO, ELA DARIA À LUZ UM FILHO QUE CONQUISTARIA O MUNDO COMO O FILHO DE DEUS.

QUANDO JOSÉ SOUBE QUE MARIA ESTAVA GRÁVIDA, ELE DECIDIU NÃO SE CASAR COM ELA. UM ANJO APARECEU EM SEU SONHO E DISSE: "NÃO TEMAS RECEBER MARIA, TUA MULHER, PORQUE O QUE NELA ESTÁ GERADO É DO ESPÍRITO SANTO. ELA DARÁ À LUZ UM FILHO E VOCÊ DEVERÁ DAR-LHE O NOME DE JESUS, PORQUE ELE SALVARÁ O SEU POVO DOS SEUS PECADOS". QUANDO JOSÉ ACORDOU, ELE FEZ O QUE O ANJO MANDOU.

JOSÉ E MARIA FORAM A BELÉM. QUANDO CHEGOU A HORA DE A CRIANÇA NASCER, O ÚNICO LUGAR QUE ELES ENCONTRARAM FOI UM ESTÁBULO. MARIA DEU À LUZ SEU FILHO. O ANJO ANUNCIOU A ALGUNS PASTORES QUE O FILHO DE DEUS HAVIA NASCIDO E QUE ELES TERIAM QUE ENCONTRÁ-LO ENVOLTO EM PANOS E DEITADO NUMA MANJEDOURA. QUANDO ELES CHEGARAM A BELÉM E O ENCONTRARAM, TODOS AGRADECERAM A DEUS.

TRÊS HOMENS SÁBIOS DO LESTE SEGUIRAM ATÉ JERUSALÉM E PERGUNTARAM: "ONDE ESTÁ AQUELE QUE É NASCIDO REI DOS JUDEUS? PORQUE VIMOS A SUA ESTRELA NO ORIENTE, E VIEMOS PARA ADORÁ-LO."
ELES SEGUIRAM A ESTRELA, QUE OS LEVOU AO ESTÁBULO EM QUE ESTAVA O BEBÊ. ELES CHEGARAM PARA ADORÁ-LO E OFERECERAM PRESENTES DE OURO, INCENSO E MIRRA.

O ANJO DO SENHOR MAIS UMA VEZ, AVISOU JOSÉ EM UM SONHO: "LEVANTA-TE, TOME O MENINO E SUA MÃE, E FUJA PARA O EGITO. FIQUE LÁ ATÉ QUE EU LHE DIGA, POIS HERODES VAI PROCURAR O MENINO PARA MATÁ-LO."

ENQUANTO ISSO, HERODES ESTAVA TOMADO POR INVEJA AO SABER DO NASCIMENTO DE JESUS, ANUNCIADO PELOS PROFETAS. RAIVOSO, ELE ORDENOU QUE SEUS SOLDADOS MATASSEM TODAS AS CRIANÇAS COM MENOS DE DOIS ANOS DE IDADE QUE VIVIAM EM BELÉM. TODA A CIDADE FOI DEVASTADA. O MEDO DE HERODES FORÇOU O POVO A CHAMÁ-LO DE "REI DOS JUDEUS".

APÓS O NASCIMENTO DE JESUS, JOSÉ E MARIA VISITARAM JERUSALÉM E LEVARAM A CRIANÇA AO TEMPLO, ONDE FICOU COM TODOS OS RECÉM-NASCIDOS, DE ACORDO COM AS LEIS DE MOISÉS.

QUANDO HERODES MORREU, O ANJO DO SENHOR REAPARECEU NOS SONHOS DE JOSÉ, QUE ESTAVA NO EGITO. ELE PEDIU QUE JOSÉ VOLTASSE A ISRAEL COM MARIA E SEU FILHO. JUNTOS, ELES VOLTARAM A NAZARÉ.

QUANDO JESUS TINHA DOZE ANOS, JOSÉ E MARIA O LEVARAM A JERUSALÉM PARA CELEBRAR A PÁSCOA. VOLTANDO PARA NAZARÉ, JOSÉ E MARIA PERCEBERAM QUE JESUS TINHA FICADO PARA TRÁS. AO VOLTAREM AO TEMPLO, ENCONTRARAM O MENINO CONVERSANDO COM OS SACERDOTES, QUE FICARAM SURPRESOS COM SUA SABEDORIA E PERCEBERAM QUE ELE ERA ESCOLHIDO POR DEUS.

A PREGAÇÃO DE JESUS

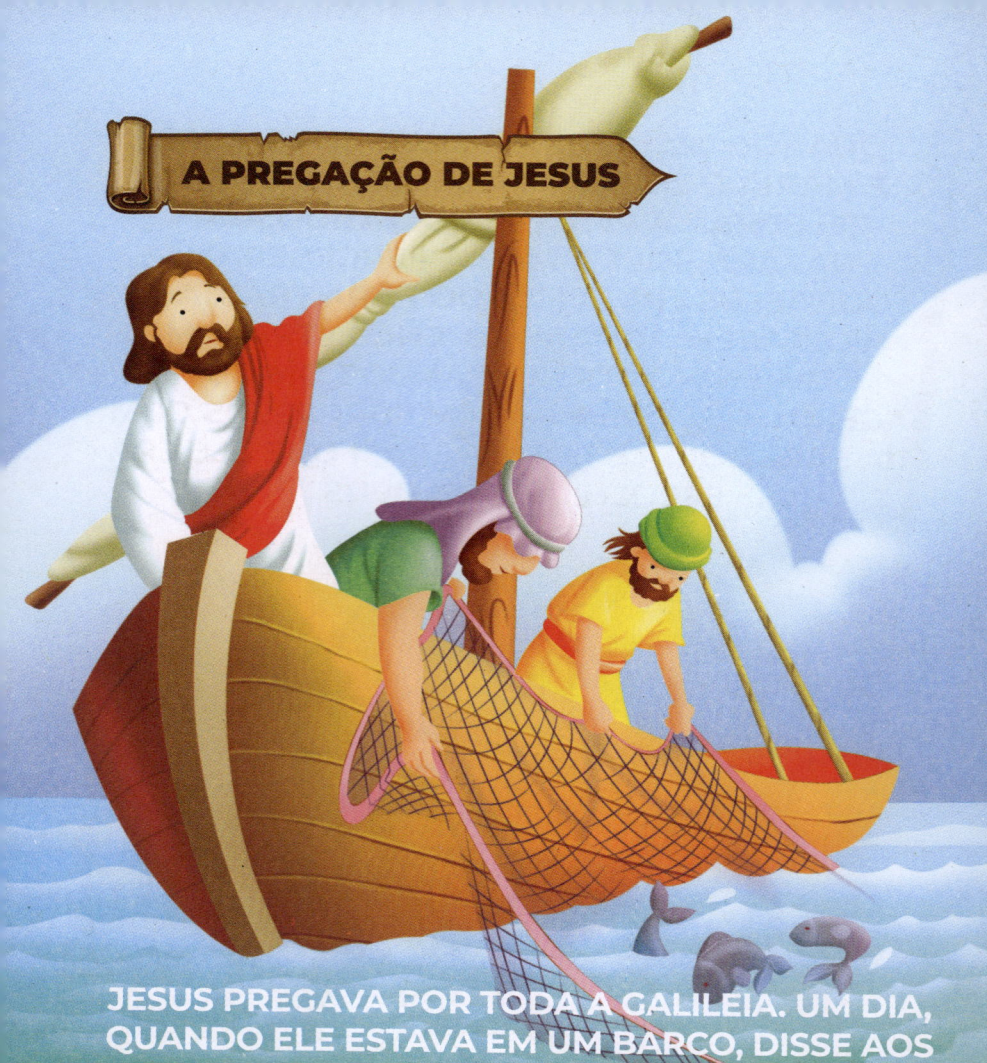

JESUS PREGAVA POR TODA A GALILEIA. UM DIA, QUANDO ELE ESTAVA EM UM BARCO, DISSE AOS PESCADORES QUE LANÇASSEM AS REDES. NO MESMO MOMENTO, AS REDES SE ENCHERAM DE PEIXES. OS PESCADORES ABANDONARAM TUDO PARA SEGUI-LO, CHEIOS DE FÉ. ERAM OS PRIMEIROS DISCÍPULOS, SIMÃO, CHAMADO PEDRO, E ANDRÉ. VENDO ISSO, PEDRO SE PROSTROU AOS PÉS DE CRISTO E DISSE: "SENHOR, RETIRA-TE DE MIM PORQUE SOU PECADOR. ENTÃO, JESUS DISSE: "NÃO TEMAS, POIS SERÁS PESCADOR DE HOMENS".

AS PESSOAS SE JUNTAVAM AO REDOR DE JESUS PARA QUE OS CURASSE E AS LIBERTASSE DE SUAS TORMENTAS. TODOS SE IMPRESSIONAVAM COM SEUS MILAGRES. ELE TOCOU A MÃO DA SOGRA DE PEDRO, QUE ESTAVA ACAMADA E COM FEBRE. NO MESMO MOMENTO, A FEBRE SE FOI E A MULHER, MUITO GRATA, PASSOU A SERVI-LO.

78

JESUS FOI CONVIDADO PARA UM CASAMENTO EM CANÁ. TENDO ACABADO O VINHO, JESUS PEDIU QUE ENCHESSEM SEIS TALHAS DE PEDRA COM ÁGUA, QUE ELE RAPIDAMENTE TRANSFORMOU EM VINHO. TODOS FICARAM MARAVILHADOS COM O MILAGRE.

JESUS ENSINOU SEUS DISCÍPULOS A FAZER PREGAÇÕES. "SEJAM PRUDENTES COMO AS SERPENTES E SIMPLES COMO AS POMBAS. POR MINHA CAUSA VOCÊS SERÃO LEVADOS À PRESENÇA DE GOVERNADORES E REIS COMO TESTEMUNHAS. MAS QUANDO OS PRENDEREM, NÃO SE PREOCUPEM QUANTO AO QUE DIZER. O ESPÍRITO DO PAI FALARÁ POR INTERMÉDIO DE VOCÊS."

UM DIA, JESUS ESTAVA EM UMA MONTANHA CERCADO POR MUITAS PESSOAS. ELE DISSE: "TENHO COMPAIXÃO DESTA MULTIDÃO. JÁ FAZ TRÊS DIAS QUE ELES ESTÃO COMIGO E NADA TÊM PARA COMER." ENTÃO, JESUS PEGOU OS PÃES E OS PEIXES E, DANDO GRAÇAS, PARTIU-OS E DEU-OS AOS DISCÍPULOS, QUE DISTRIBUÍRAM À MULTIDÃO. TODOS COMERAM E SE SACIARAM.

DEIXANDO O POVO PARA TRÁS, JESUS PEDIU AOS SEUS DISCÍPULOS QUE ENTRASSEM EM UM BARCO E NAVEGASSEM PARA O OUTRO LADO. QUANDO O BARCO FOI AÇOITADO PELAS ONDAS, JESUS VEIO ANDANDO SOBRE AS ÁGUAS. QUANDO OS DISCÍPULOS O VIRAM ACREDITARAM SER UM FANTASMA E GRITARAM DE MEDO, MAS JESUS DISSE: "CORAGEM! SOU EU. NÃO TENHAM MEDO". ENTÃO, PEDRO DISSE: "SE ÉS TÚ, MANDA-ME IR AO TEU ENCONTRO POR SOBRE AS ÁGUAS". AO QUE JESUS

RESPONDEU: "VENHA". PEDRO ANDOU SOBRE AS ÁGUAS AO ENCONTRO DE JESUS, MAS, REPARANDO NO VENTO, TEVE MEDO E, POR ISSO, COMEÇOU A AFUNDAR. POR FIM, JESUS DISSE: "HOMEM DE PEQUENA FÉ, POR QUE VOCÊ DUVIDOU?".

LÁZARO, AMIGO DE JESUS, ESTAVA MUITO DOENTE. SUAS IRMÃS MANDARAM AVISAR JESUS, QUE DISSE: "NOSSO AMIGO DORME, MAS VOU DESPERTÁ-LO, POIS AQUELE QUE CRÊ EM MIM, AINDA QUE MORRA, VIVERÁ." ENTÃO, DIRIGIRAM-SE AO SEPULCRO E JESUS DISSE: "TIRAI A PEDRA". EM SEGUIDA, CONTINOU: "LÁZARO, VEM PARA FORA!". E LÁZARO, REVIVIDO, SAIU DO TÚMULO. TODOS FICARAM ENCANTADOS COM O MILAGRE.

JESUS TAMBÉM CURAVA OS CEGOS. UM DIA, ELE VIU UM HOMEM CEGO NA RUA. COM SUA SALIVA MISTURADA À TERRA, ELE FEZ LAMA E PASSOU NOS OLHOS DO HOMEM. O HOMEM, ENTÃO, LAVOU SEUS OLHOS E PERCEBEU QUE PODIA ENXERGAR. A CEGUEIRA ESTAVA CURADA!

JESUS EM JERUSALÉM

Entrando em Jerusalém montado num jumentinho, Jesus foi recebido pela multidão, que estendeu mantos e ramos de árvores. "Bendito é o que vem em nome do Senhor!", gritava o povo.

O SALVADOR NUNCA PERMITIU QUE SEUS SEGUIDORES O TRATASSEM COMO REI, MAS, DESTA VEZ, ELE QUERIA MOSTRAR AO MUNDO QUE ERA O REDENTOR. ENTÃO, JESUS FOI AO TEMPLO E, AO CHEGAR LÁ, ENCONTROU VENDEDORES E CAMBISTAS. IMEDIATAMENTE, EXPULSOU TODOS QUE ESTAVAM COMPRANDO E VENDENDO. "A MINHA CASA SERÁ CHAMADA CASA DE ORAÇÃO, MAS VOCÊS ESTÃO FAZENDO DELA UM COVIL DE LADRÕES", DISSE O SENHOR.

MUITOS FARISEUS PRESENCIARAM A CENA E FICARAM INDIGNADOS. ELES PERCEBERAM QUE ESTAVAM PERDENDO O CONTROLE DO POVO, POIS NÃO CONSEGUIAM MAIS SILENCIÁ-LO COM AUTORIDADE. AS AMEAÇAS E OS APELOS SÓ AUMENTAVAM O ENTUSIASMO DOS ADORADORES DE JESUS. PERCEBENDO QUE NÃO PODIAM CONTROLAR A MULTIDÃO, OS FARISEUS CAMINHARAM EM DIREÇÃO A JESUS E DISSERAM: "MESTRE, REPREENDE OS TEUS DISCÍPULOS". MAS JESUS RESPONDEU: "DIGO-VOS QUE, SE ESTES SE CALAREM, AS PRÓPRIAS PEDRAS CLAMARÃO".

JESUS SABIA QUE MUITOS JUDEUS E FARISEUS ESTAVAM CONTRA ELE E QUE LOGO SERIA PRESO. POR ISSO, DECIDIU CELEBRAR A PÁSCOA COM UMA CEIA AO LADO DE SEUS DISCÍPULOS. SABENDO QUE SERIA A ÚLTIMA, JESUS PEGOU O PÃO, ABENÇOOU E DISTRIBUIU, DIZENDO: "ESTE É O MEU CORPO". DA MESMA FORMA, TOMOU O CÁLICE DE VINHO E CONCLUIU: "ESTE É O CÁLICE DA NOVA ALIANÇA NO MEU SANGUE DERRAMADO POR VÓS. COMAM E BEBAM EM MEMÓRIA DE MIM."

DURANTE A CEIA, JESUS LEVANTOU-SE E, TOMANDO UMA TOALHA E UMA BACIA, COMEÇOU A LAVAR OS PÉS DOS DISCÍPULOS. ELE QUERIA ENSINÁ-LOS A SEREM HUMILDES E A SERVIREM O PRÓXIMO.

APÓS A CEIA, JESUS E SEUS DISCÍPULOS FORAM ORAR NO MONTE DAS OLIVEIRAS. JESUS AJOELHOU E OROU, PEDINDO AO PAI QUE, SE POSSÍVEL, O AJUDASSE. ENTÃO, UM ANJO DO CÉU O CONFORTOU. LEVANTANDO-SE, VIU QUE OS DISCÍPULOS DORMIAM.

IMEDIATAMENTE, JESUS FOI PRESO E LEVADO AO CONSELHO DOS SACERDOTES. ELES PERGUNTARAM SE JESUS ERA O FILHO DE DEUS. "EU SOU." E CONTINUOU: "E VOCÊS VERÃO O FILHO DO HOMEM SENTADO À DIREITA DO DEUS PODEROSO E VINDO SOBRE AS NUVENS NO CÉU."

PILATOS ACREDITAVA QUE JESUS NÃO HAVIA COMETIDO CRIME ALGUM, ENTÃO, DEIXOU QUE A DECISÃO FOSSE TOMADA PELOS JUDEUS. O POVO TERIA DE ESCOLHER, ENTÃO, QUEM SERIA SALVO: JESUS OU O LADRÃO BARRABÁS.

MORTE E RESSURREIÇÃO DE CRISTO

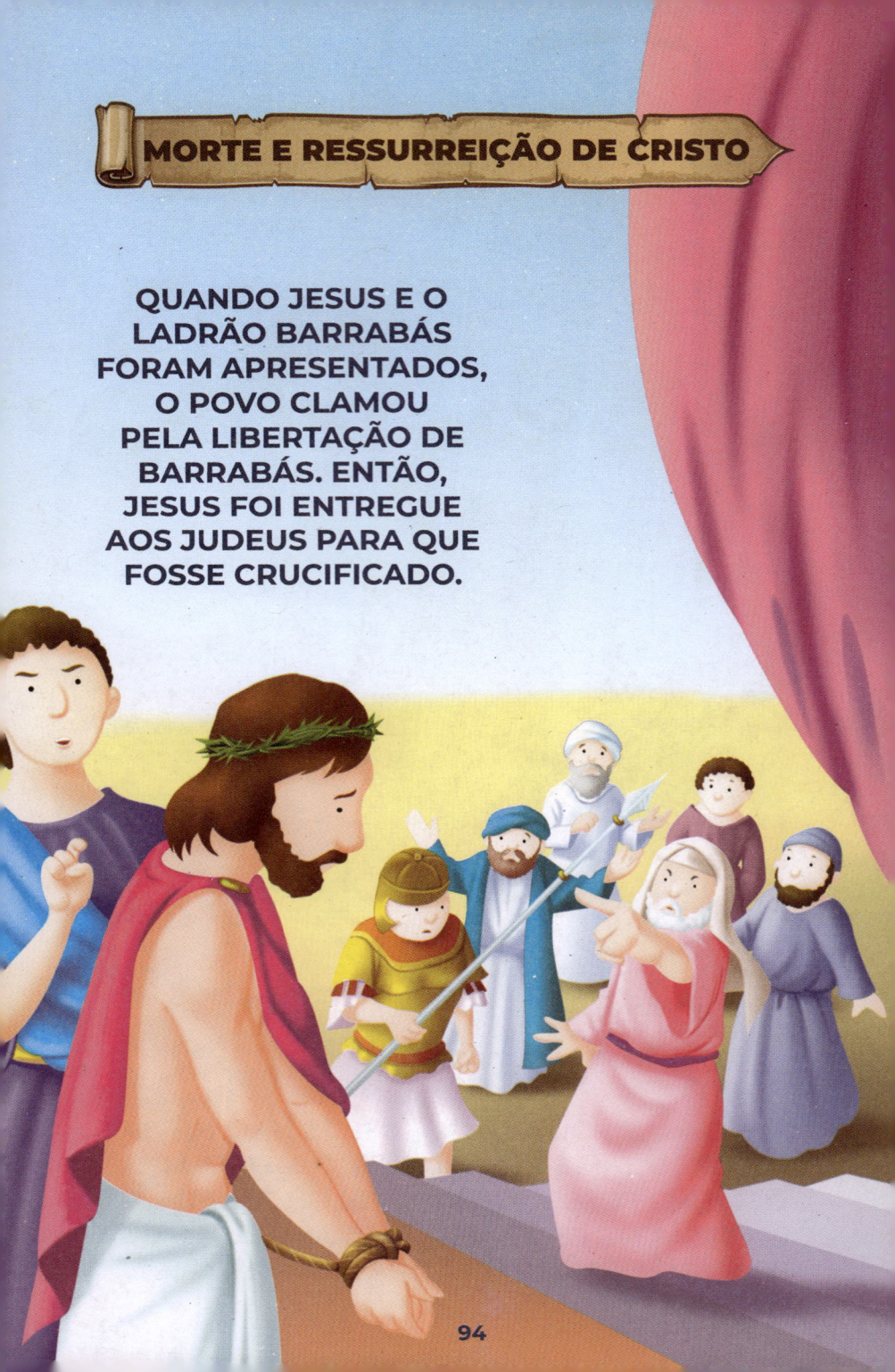

QUANDO JESUS E O LADRÃO BARRABÁS FORAM APRESENTADOS, O POVO CLAMOU PELA LIBERTAÇÃO DE BARRABÁS. ENTÃO, JESUS FOI ENTREGUE AOS JUDEUS PARA QUE FOSSE CRUCIFICADO.

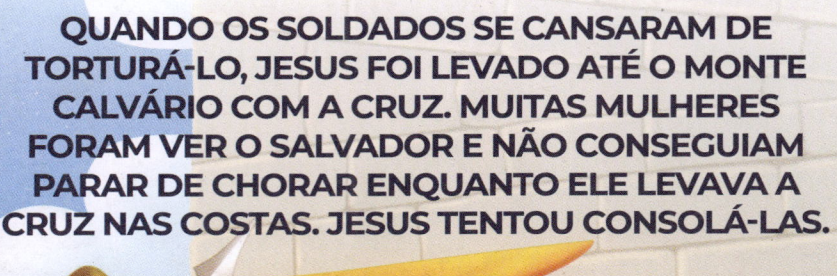

QUANDO OS SOLDADOS SE CANSARAM DE TORTURÁ-LO, JESUS FOI LEVADO ATÉ O MONTE CALVÁRIO COM A CRUZ. MUITAS MULHERES FORAM VER O SALVADOR E NÃO CONSEGUIAM PARAR DE CHORAR ENQUANTO ELE LEVAVA A CRUZ NAS COSTAS. JESUS TENTOU CONSOLÁ-LAS.

OS SOLDADOS TIRARAM A ROUPA DE JESUS E SOBRE ELE COLOCARAM UM MANTO VERMELHO. COLOCARAM EM SUA CABEÇA UMA COROA DE ESPINHOS E, NA MÃO DIREITA, UM CETRO. DEPOIS, AJOELHARAM-SE DIANTE DELE E ZOMBARAM, DIZENDO: "SALVE, REI DOS JUDEUS!"

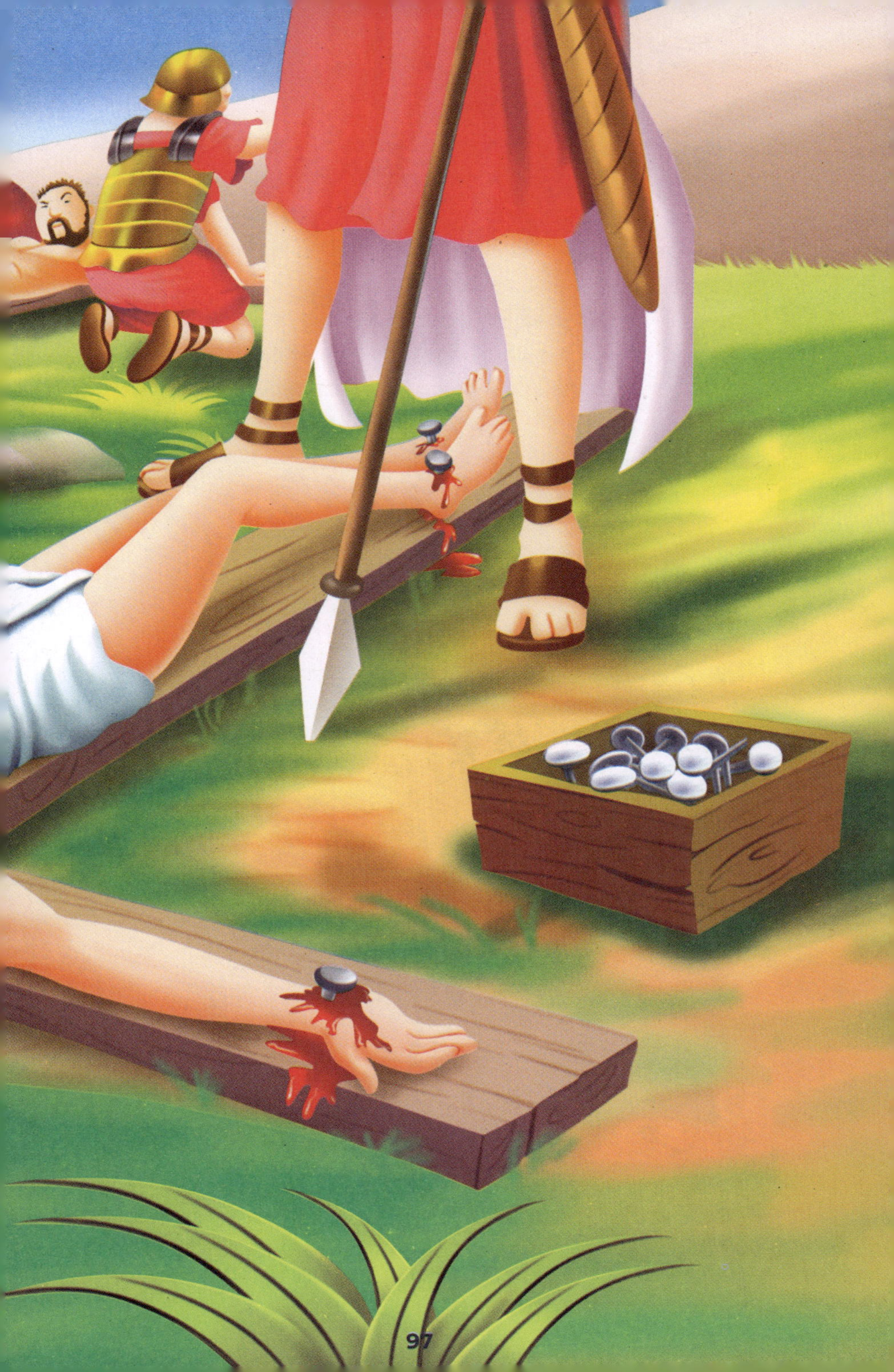

DOIS LADRÕES E JESUS FORAM CRUCIFICADOS. UM DELES DISSE: "VOCÊ NÃO É O CRISTO? SALVE-SE A SI MESMO E A NÓS". O OUTRO LADRÃO RESPONDEU: "NÓS ESTAMOS SENDO PUNIDOS COM JUSTIÇA, PORQUE ESTAMOS RECEBENDO O QUE OS NOSSOS ATOS MERECEM. MAS ESTE HOMEM NÃO COMETEU NENHUM MAL". E ACRESCENTOU: "JESUS, LEMBRA-TE DE MIM QUANDO VIERES NO TEU REINO." JESUS, ENTÃO, RESPONDEU: "EM VERDADE TE DIGO QUE HOJE ESTARÁS COMIGO NO PARAÍSO".

JÁ TENDO SOFRIDO POR HORAS NA CRUZ, JESUS FALOU COM DEUS. "MEU DEUS, MEU DEUS, POR QUE ME ABANDONASTE?". NAQUELE MOMENTO HOUVE TREVAS NA FACE DA TERRA E O DIA VIROU NOITE. RAIOS E TROVÕES CAÍRAM E AS PESSOAS ENTRARAM EM PÂNICO. UM SOLDADO DISSE: "ELE ERA MESMO O FILHO DE DEUS".

JOSÉ DE ARIMATEIA, UM DISCÍPULO, FOI A PILATOS PEDIR O CORPO DE JESUS. ENTÃO, ELE O LAVOU E O ENVOLVEU EM UM LENÇOL LIMPO, PARA DEPOIS COLOCÁ-LO EM UMA TUMBA. AS MULHERES QUE HAVIAM SEGUIDO JESUS DA GALILEIA ATÉ JERUSALÉM NÃO PARAVAM DE CHORAR. A ENTRADA DA TUMBA FOI FECHADA COM UMA GRANDE PEDRA, COM SEGURANÇAS ÀS PORTAS, PENSANDO EVITAR QUE O CORPO FOSSE FURTADO PARA DIZEREM QUE JESUS RESSUSCITARA.

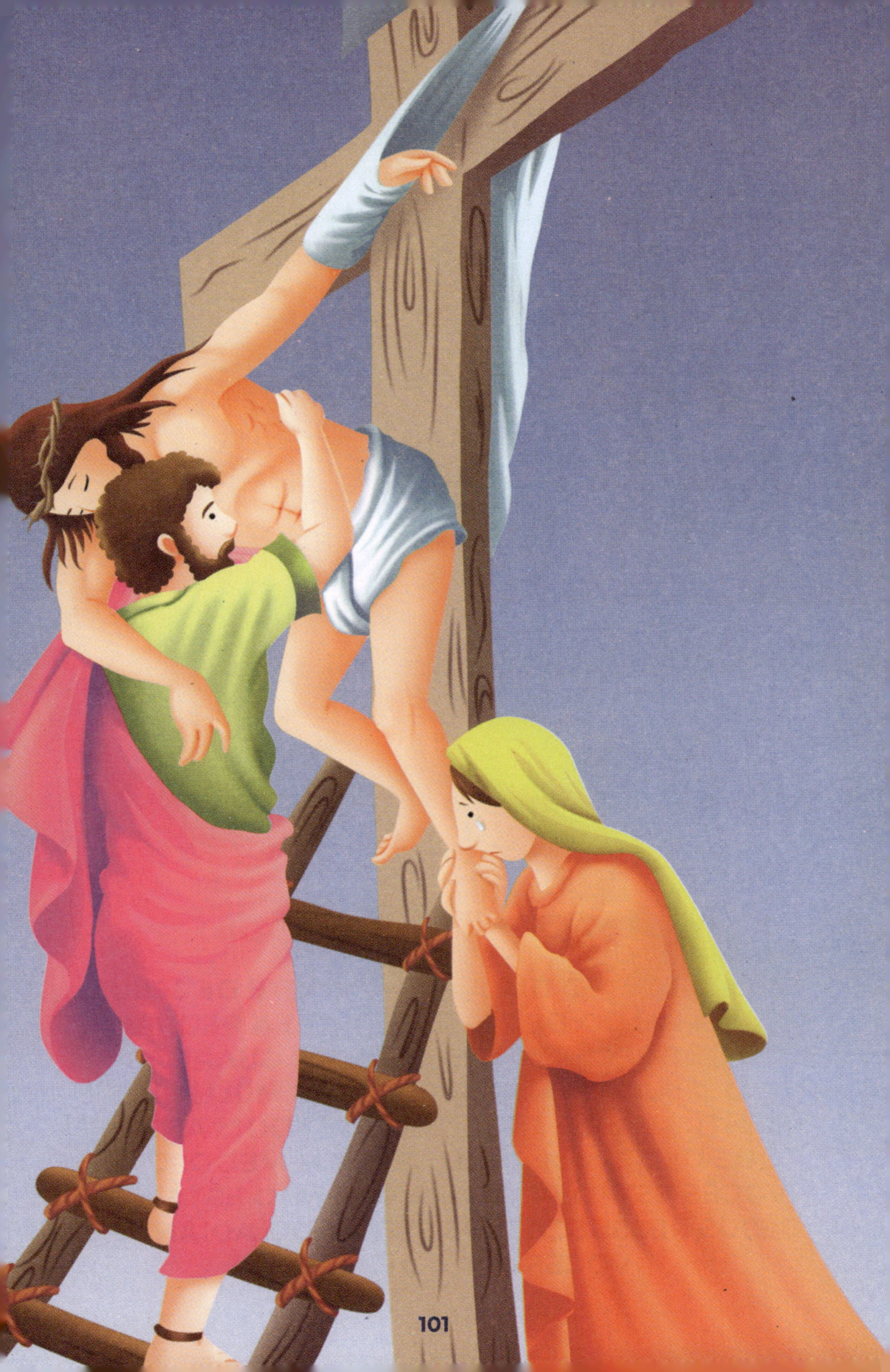

NO TERCEIRO DIA APÓS A MORTE DE JESUS, UM ANJO DE DEUS RETIROU A PEDRA QUE FECHAVA A TUMBA. OS GUARDAS DESMAIARAM DE MEDO E AS MULHERES ENTRARAM E ENCONTRARAM DOIS ANJOS, QUE DISSERAM: "NÃO TENHAM MEDO! QUEM VOCÊS ESTÃO PROCURANDO NÃO ESTÁ AQUI. JESUS RESSUSCITOU E ESTÁ INDO ADIANTE DE VOCÊS PARA A GALILEIA".

OS DISCÍPULOS DE JESUS FORAM À GALILEIA E, COMO O ANJO DISSE, JESUS APARECEU PARA ELES. "VÃO E FAÇAM DISCÍPULOS DE TODAS AS NAÇÕES, BATIZANDO-OS EM NOME DO PAI, DO FILHO E DO ESPÍRITO SANTO. E EU ESTAREI SEMPRE COM VOCÊS, ATÉ O FIM DOS TEMPOS".

O APÓSTOLO PAULO

ANTES DE SE TORNAR UM DISCÍPULO DE JESUS, PAULO FAZIA TUDO O QUE PODIA PARA ACABAR COM O CRISTIANISMO. SEU NOME ERA SAULO. UM DIA, A CAMINHO DE DAMASCO, ELE FOI BANHADO POR UMA LUZ NO CÉU, QUE O CEGOU. CAINDO EM TERRA, OUVIU UMA VOZ QUE DIZIA: "SAULO, SAULO, POR QUE ME PERSEGUES?" AO QUE ELE RESPONDEU: "QUEM ÉS TU, SENHOR?". E A VOZ DISSE: "EU SOU JESUS, A QUEM TU PERSEGUES, MAS LEVANTA-TE E ENTRA NA CIDADE, ONDE TE DIRÃO O QUE FAZER".

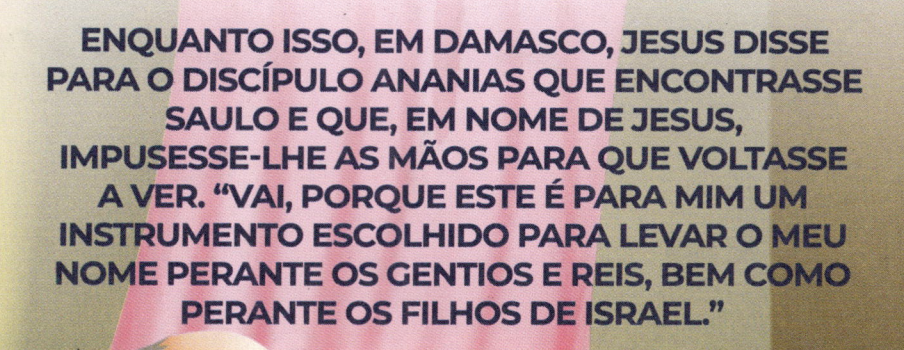

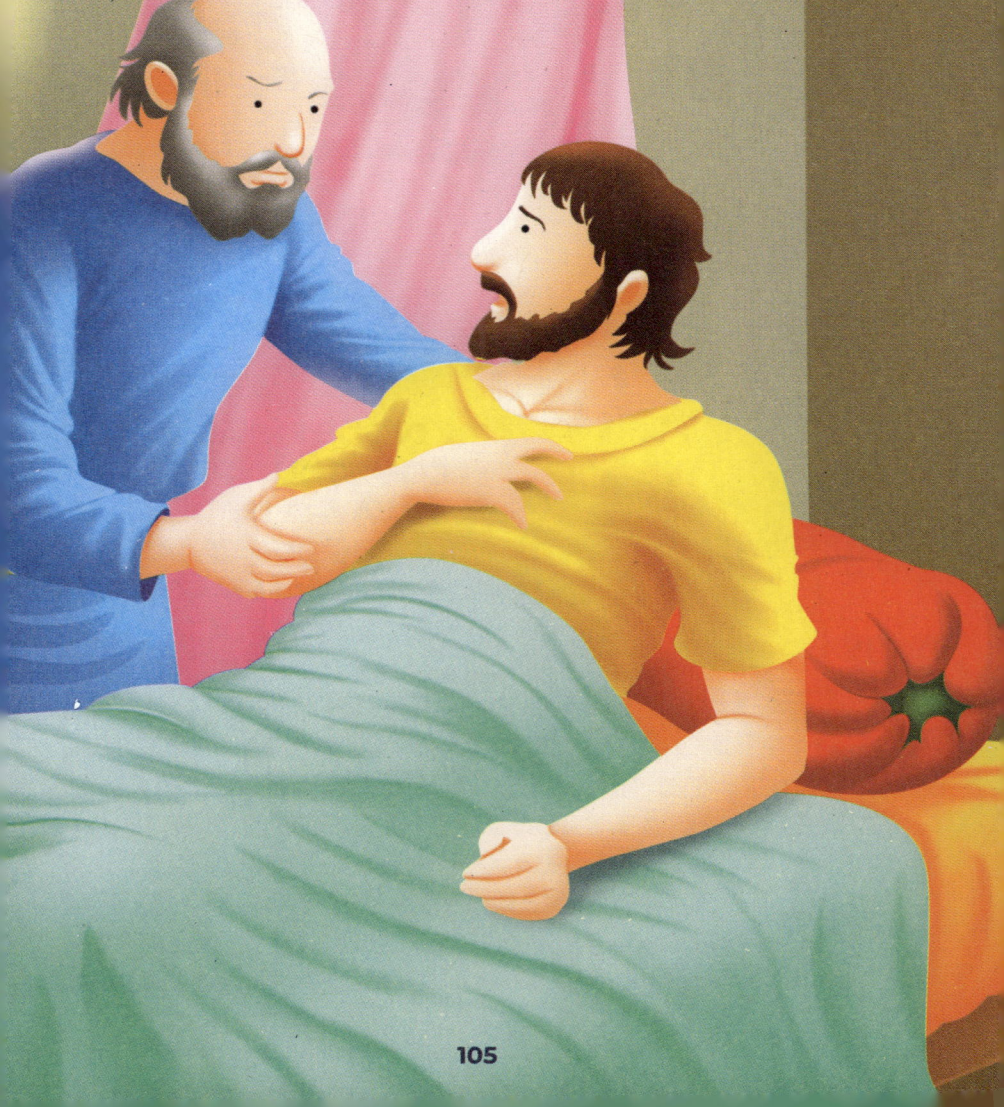

ENQUANTO ISSO, EM DAMASCO, JESUS DISSE PARA O DISCÍPULO ANANIAS QUE ENCONTRASSE SAULO E QUE, EM NOME DE JESUS, IMPUSESSE-LHE AS MÃOS PARA QUE VOLTASSE A VER. "VAI, PORQUE ESTE É PARA MIM UM INSTRUMENTO ESCOLHIDO PARA LEVAR O MEU NOME PERANTE OS GENTIOS E REIS, BEM COMO PERANTE OS FILHOS DE ISRAEL."

DESDE ENTÃO, SAULO COMEÇOU A PREGAR A PALAVRA DE DEUS. OS JUDEUS QUE VIVIAM EM DAMASCO QUERIAM MATÁ-LO E ELE FOI FORÇADO A FUGIR PARA JERUSALÉM, ONDE ENCONTROU BARNABÉ. JUNTOS, ELES FIZERAM A PRIMEIRA VIAGEM A ANTIOQUIA E CHIPRE, PARA FAZER AS PREGAÇÕES CRISTÃS. SAULO MUDOU SEU NOME PARA PAULO. EM ALGUNS LUGARES, OS JUDEUS OS PERSEGUIAM E ELES TINHAM QUE IR EMBORA, MAS, EM OUTROS, ELES ERAM RECEBIDOS COM ALEGRIA.

NA SUA SEGUNDA JORNADA, PAULO LEVOU SILAS COMO COMPANHIA E FOI À MACEDÔNIA. QUANDO ESTAVAM EM FILIPOS, OS DOIS FORAM ACUSADOS DE CRIAR CONFUSÃO NA CIDADE COM AS PALAVRAS QUE PREGAVAM. OS GUARDAS BATERAM NELES E OS COLOCARAM NA CADEIA.

PERTO DA MEIA-NOITE, PAULO E SILAS ORAVAM E CANTAVAM HINOS A DEUS. DE REPENTE, HOUVE UM TERREMOTO QUE ABRIU TODAS AS PORTAS DA PRISÃO. O GUARDIÃO PENSOU QUE OS PRISIONEIROS HAVIAM ESCAPADO E ESTAVA PRESTES A SE SUICIDAR, QUANDO PAULO O IMPEDIU, DIZENDO QUE NINGUÉM HAVIA FUGIDO. NAQUELE MOMENTO, O CARCEREIRO SE PROSTROU DIANTE DE PAULO E SILAS, E PERGUNTOU: "O QUE É NECESSÁRIO QUE EU FAÇA PARA ME SALVAR?". E ELES RESPONDERAM: "CRÊ NO SENHOR JESUS CRISTO E SERÁS SALVO, TU E A TUA CASA".

PAULO E SILAS FORAM SOLTOS E CONTINUARAM SUA VIAGEM À GRÉCIA. EM ATENAS, PAULO EXPLICOU AO POVO QUE AS ESTÁTUAS DE DEUSES ESPALHADAS PELA CIDADE ERAM FALSOS ÍDOLOS. ELE LHES CONTOU SOBRE O VERDADEIRO DEUS.

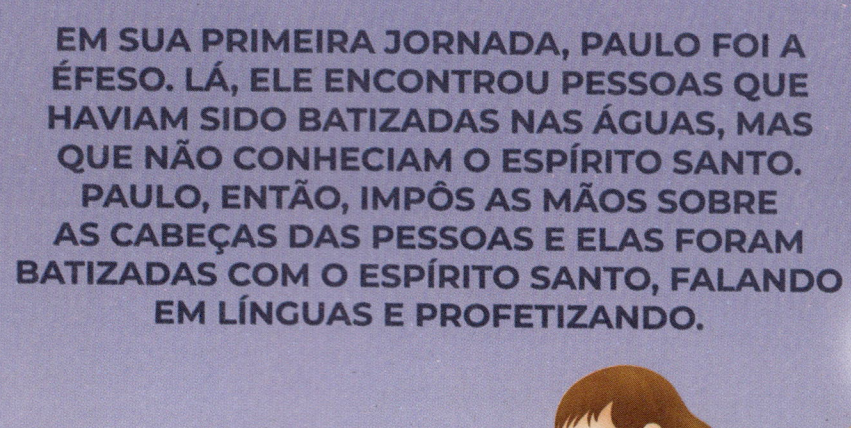

EM SUA PRIMEIRA JORNADA, PAULO FOI A ÉFESO. LÁ, ELE ENCONTROU PESSOAS QUE HAVIAM SIDO BATIZADAS NAS ÁGUAS, MAS QUE NÃO CONHECIAM O ESPÍRITO SANTO. PAULO, ENTÃO, IMPÔS AS MÃOS SOBRE AS CABEÇAS DAS PESSOAS E ELAS FORAM BATIZADAS COM O ESPÍRITO SANTO, FALANDO EM LÍNGUAS E PROFETIZANDO.

PAULO DEDICOU A VIDA A PREGAR A PALAVRA DE DEUS EM LONGAS VIAGENS. ELE TAMBÉM ESCREVEU VÁRIAS CARTAS AOS CRISTÃOS FALANDO SOBRE TODOS OS LUGARES QUE HAVIA VISITADO PARA DESPERTAR A FÉ DAS PESSOAS EM CRISTO.

CONFIRA NOSSOS LANÇAMENTOS AQUI!

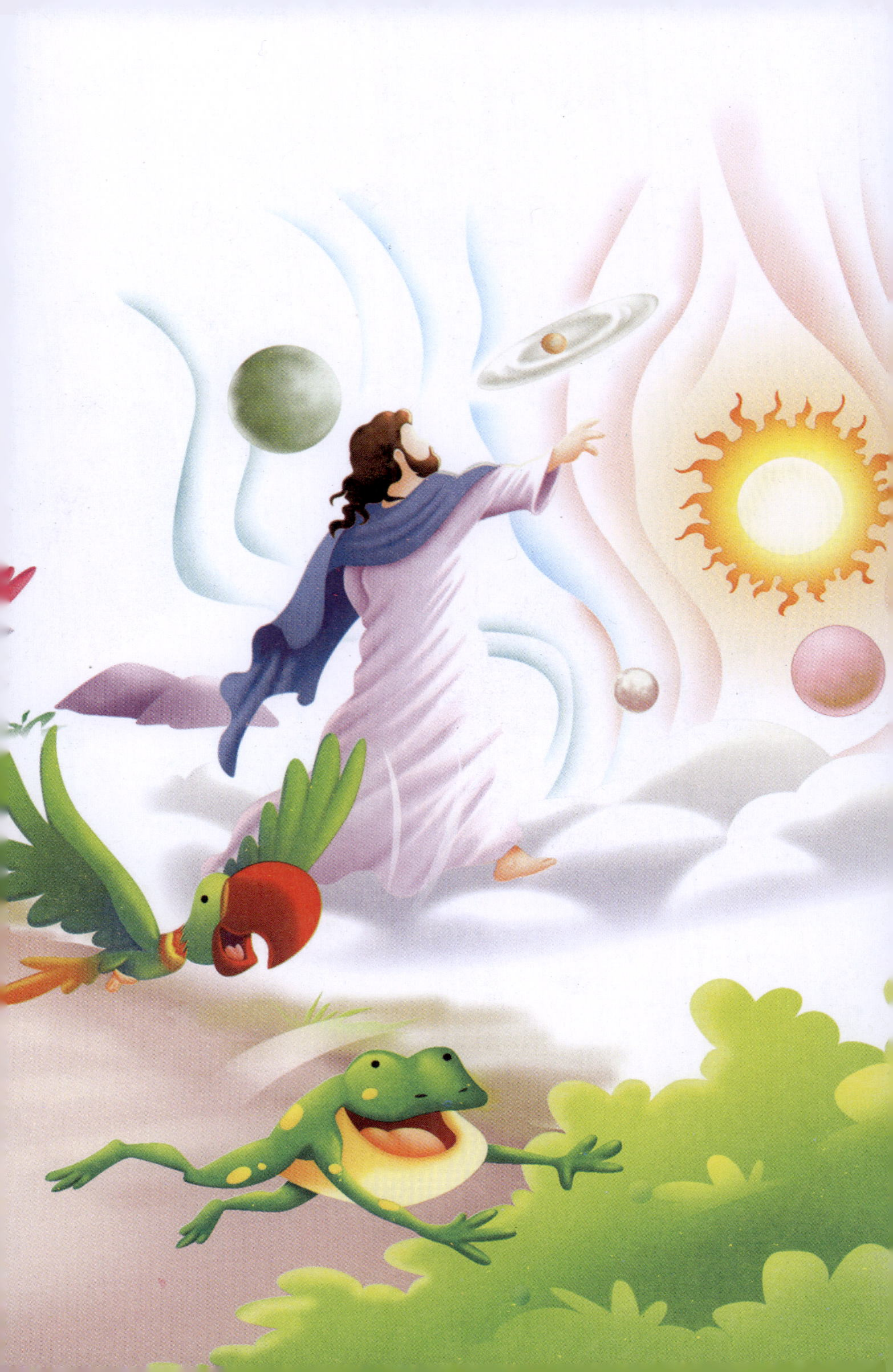

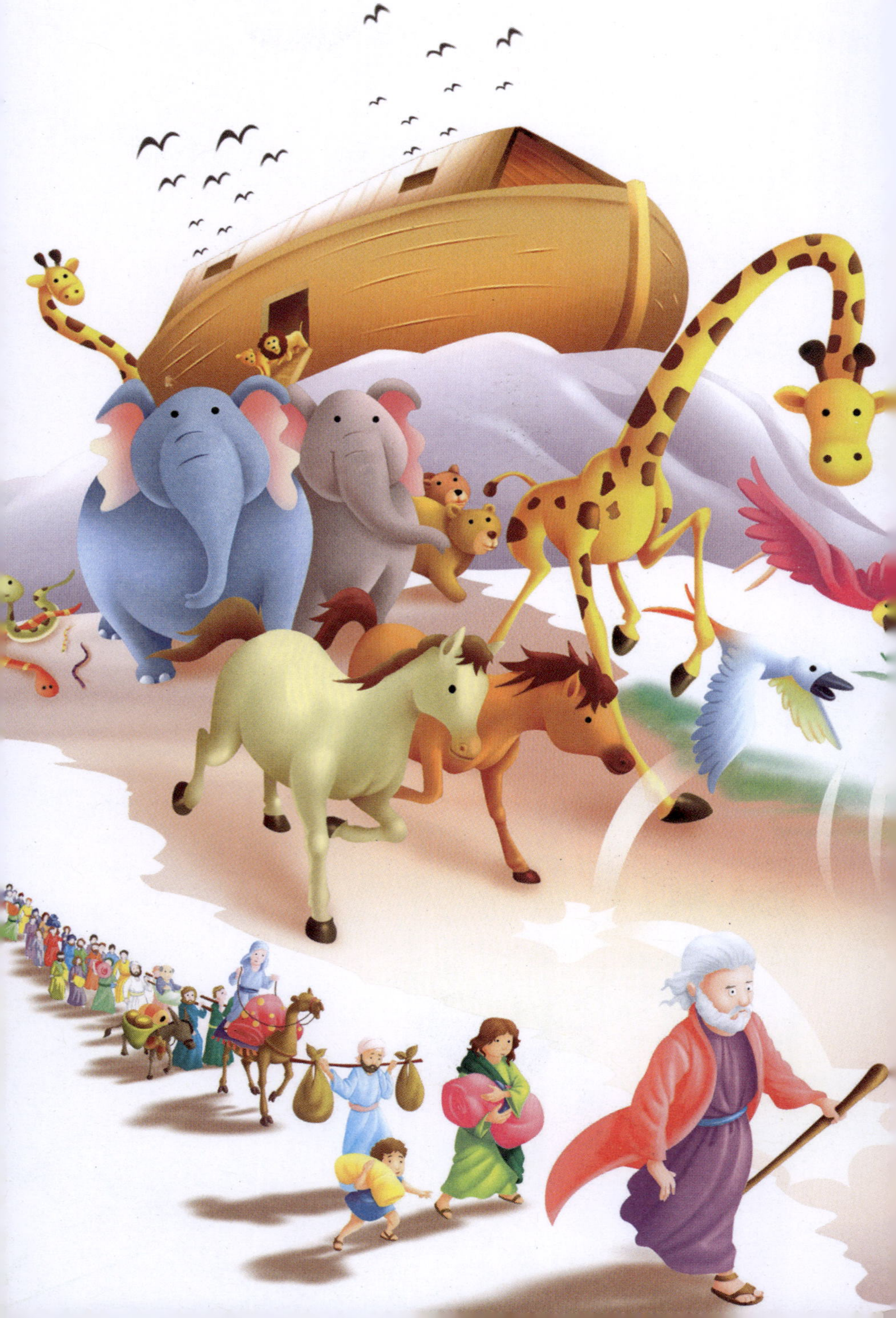